中/国/校/长/书/坊
总顾问：顾明远

中国校长书坊

教育有我

一个中学校长的"行"与"思"

◎ 张文／著

南京大学出版社

图书在版编目(CIP)数据

教育有我:一个中学校长的"行"与"思"/张文著. -- 南京:
南京大学出版社,2015.7
ISBN 978 - 7 - 305 - 15555 - 0

Ⅰ.①教…　Ⅱ.①张…　Ⅲ.①中学—校长—学校管理
Ⅳ.①G637.1

中国版本图书馆 CIP 数据核字(2015)第 161938 号

出 版 者　南京大学出版社
社　　　址　南京市汉口路 22 号　　　　邮　编　210093
出 版 人　金鑫荣

书　　　名　**教育有我:一个中学校长的"行"与"思"**
著　　　者　张　文
责任编辑　毛　杰　纪玉媛　　编辑热线　025 - 83751100
审读编辑　吴盛杰

印　　　刷　南京陆军指挥学院印刷厂
开　　　本　787 × 1 092　1/16　印张 16　字数 251 千
版　　　次　2015 年 7 月第 1 版　2015 年 7 月第 1 次印刷
ISBN　978 - 7 - 305 - 15555 - 0
定　　　价　29.80 元
网　　　址　http://www.njupco.com
官方微博　http://weibo.com/njupco
官方微信　njupress
销售咨询热线　025 - 83594756

序

　　我与张文校长相识不久，相交也不算很深。他在东莞，我在南京，中间隔着万水千山。难得的几次相见，也多是匆匆而过，没有深谈。当然，在网络资讯如此发达的今天，我们认识和了解一个人，已经完全不必如过去那般，一定要朝夕相处，促膝深谈。

　　我对张文校长的认识、了解，及至于产生一种深深的感慨和由衷的敬佩，基本上源于这本书。

　　就内容而言，这本书是张文校长在教育一线工作多年的智慧结晶。书中既有他关于校长办学和管理方面的思考，也有他亲自制定的各种极具代表性和操作性的规章制度；既有他制定的高效教学模式，也有他立足于复杂的数据所做的教学质量分析报告——其繁杂、细致而又规整的程度，令人叹为观止。

　　一位好校长就是一所好学校。这在今日的教育界基本已成共识。然而，如何才能成为一位好校长，却没有标准的答案。张文校长的这本书，让我基于这个问题想到了三个关键词：情怀、行走和思考。

　　一位好校长首先是一位有教育情怀的校长，是喜欢教育，热爱教育，愿意在教育的土壤里埋首耕耘，默默奉献的校长。教育是一份清贫的事业，也是一份公益性的事业。在任何时代，任何社会，做教育，尤其是在基层从事教育教学工作，是永远不会大富大贵的。那么，在一线工作的教育者，其幸福和欢乐又从何而来，其动力和激情又从何而来，答案只有一个，那就是对教育的热爱，对孩子的热爱，以及对作为一种职业的教育怀有的一份高尚的心境。

从这本书中，我首先感应到的，就是张文校长的这种情怀。恰如他在自序中所言："从1985年走上讲台至今，已有整整三十年教龄，这三十年走南闯北，行程多变，但对教育的情怀始终未变……变化的是行踪，不变的是初衷；变化的是职位，不变的是职业。教育，始终有我。"

一位好校长还应该是一位不倦与行走的校长。我在两种意义上定位"行走"，一种是时间维度上纵向的，一种是空间维度上横向的。时间维度上纵向的"行走"，其意义是说，好校长一定源于基层，一定在教育界沉浸多年，是从教师到校长，一步一个脚印走出来的。毕竟，教育是一个实践的行业，没有足够的岁月和历练，就无法熟悉和了解教育的规律和本质，当然无法成为一位好校长。空间维度上横向的行走，其意义是说，校长要对中国乃至世界范围内同类学校的发展状况有足够的了解。今日世界，是一个开放的世界。今日教育，亦是一个开放的行业。关起门来办学，在这样的一个时代和社会中，自然是行不通的。

一位好校长，不仅要善于向书本学习，更要善于向优秀的同行学习。张文校长从1985年走上讲台，至今已经整整三十年。三十年的历程，他"走南闯北，行程多变"，从企业学校到地方学校，从内地学校到沿海学校，从重点学校到普通学校，从公办学校到民办学校，从平民学校到贵族学校，甚至从学校一线到教育机关，都见证了他忙碌的身影。由此可见，张文校长的积淀之深，阅历之厚，走在了很多同行的前列。

一位好校长也应该是一位善于思考，勤于思考的校长。苏霍姆林斯基说："校长对学校的领导，首先是教育思想的领导，其次才是行政意义上的领导。"校长的教育思想从哪里来，从阅读中来，从学习中来，从实践中来，而无论阅读、学习还是实践，如果离开了校长个人的独立思考，便皆失去了意义。张文校长无疑是一位爱思考的校长，他对民办校长怎么当、学校应该怎么建设、课堂如何才能高效等诸如此类的问题，都有很深的思考，并形成了自己独特的观点和看法。而这本书，更是他善于思考，勤于思考的最好见证。

总之，在我看来，一个校长，热爱教育，有教育情怀，而且在教育界沉浸多年，对教育规律有着足够的了解，还善于思考，勤于思考，这样的校长，一定能成为一位好校长,也一定是一位好校长。

　　让我们回到文章的起始,我说,我和张文校长相识不久,相交不深,但这并不妨碍我对他的了解和敬佩。而这一切,都源于这本书。我相信,这本书,是我重新认识和了解张文校长的一个起点,但绝不是终点。

　　我希望,全天下所有的教育者都能够以适当的方式互相认识,互相了解,互相尊重。我希望,全天下所有的教育者携起手来,共同努力,为我们的教育谋一个美好的未来。

　　谨此为序!

江苏省教育科学研究院教师书院院长

2015 年 5 月 21 日

自　序

从小就喜欢老师，敬畏老师，希望长大了自己也能成为一名老师，也就是说，孩童时期，我就梦想"教育有我"。

高中毕业考大学，全校就我一个人上线，为了保证学校高考不被"剃光头"，校长亲自将我的五个高考志愿全部填报为师范，因为那个时候当老师还不吃香，填报师范最保险，从此，我的教育梦就更清晰了。

大学毕业，自己拿着毕业证件到处找工作，到了攀钢，人事部问我想进哪个部门，因为1985年那个时候到处都缺人才，咱中文系毕业的人哪里都需要，我问有没有重点中学，回答说有，但是重点中学攀钢一中在弄弄沟，非常偏僻，而面上中学攀钢二中在长寿路，位置好得多，问我想去哪，我说去攀钢一中吧，偏僻不要紧，只要能干出成绩就好，于是就到了攀钢一中，也就是今天的国家级示范性高中攀枝花市第七高级中学。

那时的攀钢一中可谓名师云集呀，老资格的一大堆，至今还清楚地记得有位地理老师居然是黄埔军校毕业的，咱们几个刚刚大学毕业的小不点儿在这堆老教师中间就显得特别稚嫩，于是校长就安排我们第一学期先听老教师的课，本来热血澎湃地想上讲台，结果却只能在教室后面坐冷板凳，还美其名曰"青蓝工程"，那个憋屈呀！

刚听了一周课，我的那个"蓝颜知己"身体出了问题，要求请假一周，校长就怀着忐忑不安的心情叫我去代课。一周代课结束，学生不准我走了，联名给校长写信要求我做他们的语文老师和班主任。从这时开始，算是真正的"教育有我"了。

于是我就在这个几乎是与世隔绝的小山沟里安安心心地当我的孩子王，圆我的教育梦了。那时的梦主要就两个，一是高考总成绩要超过全市王牌高中攀枝花三中，二是要有学生能考取北大清华。三年下来，只有第一个梦顺利实现了。因为当时攀钢急需人才，就委托贵州大学、贵州师范大学等学校给攀钢培养人才，也算是给攀钢子弟的一种福利，我所带班成绩最好的一个学生当年完全有考取北大的实力。但是，因为攀钢没有考上北大的先例，学生心里没底，加之贵州大学的委培唾手可得而且还是当时非常吃香的国际贸易专业，于是那个学生及其家长最终放弃高考而选择了贵州大学。我的"北大梦"破灭了。

1988 年我开始带第二届学生，一开始我就给学生"洗脑"，让学生志存高远，不要被委培的光环所迷惑。三年下来，终于圆梦。我所带的文科的高考总成绩再超市三中，并从此奠定两所学校文理各占半边天的局面，而且至今依然。更让人开心的是，我的两个弟子同时被北京大学录取。据报告文学作家沈国凡在《中国西部热土上的移民城》一书写关于我的时候的介绍，当年同一个班上有两人同时考取北大的，全国只有两所学校。

从此我就一直待在高三，并担任主管全校文科教学工作的教学副主任。到1994 年高考结束之后，我的讲台生涯也宣告结束了，像许多"教而优则仕"的人一样，我开始走上了学校领导岗位，先后担任了攀钢实验学校副校长、攀钢第七中小学校长、攀钢集团公司教育处教研室主任、成都高新区教育处处长文字秘书、绵阳东辰国际学校党政办公室主任等职务。

2002 年，我做出了人生中一个新的重大的选择，毅然放弃了公办教师的"铁饭碗"，南下广东加入了民办教育的行列。首站到了汕头，担任潮阳新世界中英文学校常务副校长兼中学部校长。2010 年 7 月到了东莞，担任南开实验学校常务副校长兼高中部校长，后改任总校教学副校长。

从 1985 年走上讲台至今，已有整整三十年教龄。这三十年走南闯北，行程多变，但对教育的情怀始终未变。无论是企业学校还是地方学校，无论是内地学校还是沿海学校，无论是重点学校还是普通学校，无论是公办学校还是民办学校，无论是贵族学校还是平民学校，无论是学校一线还是教育机关，都见证了我忙碌的身影,都验证了我不懈的追求。变化的是行踪,不变的是初衷;变化的是职位,不变的是职业。教育,始终有我。

这种执着与坚韧不仅成就了一批又一批学子,提振了一所又一所学校,创造了一个又一个奇迹,赢取了一次又一次掌声,而且也促使我自己矫正了一个又一个思路,完善了一个又一个方案,验证了一个又一个决策,从而也形成了一篇又一篇文章。

我原本是不喜欢写文章的。我总觉得站讲台是一件很快乐的事,而"爬格子"却很痛苦,所以我一般只喜欢讲,不喜欢写。可是,当了领导之后总需要写,尤其是2000年我到了成都,担任了高新区教育处处长的兼职文字秘书之后,想不写也不行了。于是,成都市市长助理兼成都高新区党工委书记、管委会主任张学果在成都高新区第一次教育工作会上的讲话《注重特色、塑造品牌,努力把高新区建设成为科教新区》以及《成都高新区教育现代化发展规划》、《成都高新区"名师工程"实施方案》、《成都高新区中小学校长职级制和年薪制细则》、《成都高新区首席教师制细则》,等等,都一一从我的键盘上冒了出来,只可惜因为我离开四川,东西七零八落,电脑也废旧打不开了,这些文章和原来在攀钢时期的文章也都所剩无几了。

到了广东之后,我的主要工作是负责高中、初中的教学和高考、中考的备考,并协助校长抓好诸如招生、招聘、宣传以及校园文化建设等工作,期间也写了较多的文字,虽然发表的不多,甚至有的文章记载的做法也已改变,但那毕竟都是自己心路历程的记录,是自己教学与管理心血的结晶,"遗簪见取终安用,敝帚虽微亦自珍",若再弃之,实在可惜,若能付梓,也算是给自己三十年教龄的一份薄礼吧,若能因此给其他同仁启发一二,则更是意料之外的收获与惊喜。

书中的许多文章都凝聚了我的同事和朋友们的智慧与心血,尤其让我感恩不尽的是,江苏省教科院教师书院院长赵国忠先生亲赐书序,编辑部毛杰在成书过程中,给予很多帮助。借此谨表最诚挚的谢意!

是为序。

2015 年 3 月于东莞市南开实验学校

目　　录

第三章　教学,贵在有"效"

第一章

办学，贵在有"道"

1. 校长管理之"道"

民办校长怎么当

(原载2002年2月4日《中国教育报》,《广东民办教育》杂志2002年第5期以"民办校长的四种角色"为题全文转载)

民办学校校长在董事会领导下行使办学自主权,全面负责学校的教育教学管理工作,身份特殊,责任重大。民办学校校长在具备公办学校校长基本素质和履行公办学校校长基本职责的基础上,还应该必备以下四种角色。

教育方针的忠实执行者

民办学校的投资者大多能够兼顾办学的社会效益与经济效益,但也不可否认,个别投资者办学的目的不纯,过分注重经济效益而忽视社会功能,这就容易使民办学校迷失前进的方向,把办学纯粹搞成了赚钱的工具,导致违背教育方针和违反教育规律的行为发生。民办学校相对于公办学校而言,政府及教育主管部门的指导与监管力度要小得多,在这样一种管理体制下,校长肩负着更为重要的使命。作为民办学校校长,应该坚决贯彻执行党和国家的教育方针,保证教育的社会主义方向,把办学的社会效益放在第一位。为此,民办学校校长务必要端正办学指导思想,明确学校的办学和育人目标,严格遵循教育教学和学生身心发展规律,认真实施素质教育,使学校的各项工作都服务于培养具有创新精神和实践能力这个中心。

教育改革的勇敢探索者

民办学校校长一般都具有非常丰富的管理经验,民办学校为他们实现自己的教育理想提供了广阔的天地。因此,民办学校校长理应努力施展自己的才华,利用民办学校相对灵活的办学体制和优越的办学条件,树立先进的办学理念,构建独特的办学模式,亮出鲜明的办学特色,使民办学校从创办开始就有一个高定位、高起点。民办学校如果在教育改革中能够取得突破性的进展,那么不仅是对民办教育的贡献,更是对中国教育的贡献。实践证明,民办学校在教育改革中取得的许多成绩已经对整个教育领域产生了极大的影响。民办学校在改革创新方面应该继续发挥自身的优势,民办学校校长在这方面也应该要敢于"吃螃蟹",做教育改革勇敢的探索者和先行者。

教师权益的坚决维护者

民办学校的师资队伍具有不稳定性,其原因一方面在于教师本人,而更主要的还在于用人单位即民办学校。如果民办学校的教师始终没有稳定感,也就缺乏对学校的认同感,一方面是教师的合法权益得不到保障,另一方面容易使教师滋长"打工"心理,产生短期行为,许多民办学校教师走马灯般变换就是一个明证。对民办学校来说,要建立一支相对稳定的高素质的教师队伍,仅仅靠引进是不够的,引进只是前提,留住才是关键,而留住教师的主要措施就是要尊重教师的人格,维护教师的权益。民办学校校长应该是教师的知心人、代言人,应该充分利用自己的职权恪尽职守,积极为教师争取合法利益,确保教师的合法权益,使教师能够人心稳定,以饱满的热情和积极的态度去工作。

教育产业的积极促进者

民办学校按照教育规律办事,教育教学成绩斐然,学校就能够获取明显的社会效益;按照市场经济规律办事,学校具有较强的竞争实力,能够获得稳定的规模扩张,必然就能够带来明显的经济效益。校长要成为教育产业的积极推动者,就要既遵循教育教学和学生身心发展规律,又要遵循市场经济规律,既要注重办学质量,又要注重办学效益。如果办学规模太大而办学质量低,学校不可能持续稳定地发展,如果仅仅是办学质量高而办学规模小,成本高,学校不仅不能获得更大的经济效益,也影响进一步发展。只有既注重质量又注重规模,既注重社会效益又注重经济效益,才可能促使学校持续健康地发展,也才可能加快教育产业的前进步伐。

民办学校的发展取决于很多因素,而校长是最为重要的因素之一。如果民办学校校长能够真正扮演好这四种角色,那么,民办学校的发展一定会有一个光明的前景。

关于民办学校校长的思考

(本文于2011年5月在广东省第三届民办教育和谐发展战略论文比赛中获二等奖)

校长是学校的灵魂,有什么样的校长就有什么样的学校。民办学校因其"民办"的性质而赋予校长特殊的地位和使命,认真思考并认识其特殊性对于民办学校校长完成其特殊的使命无疑具有积极的意义。

思考之一:对于办好民办教育的执着追求是完成民办学校校长使命的首要前提。

民办学校校长大多从公办学校的优秀校长中产生,他们的经验、学识、智慧、能力等应该都不成什么问题。能否办好民办学校,关键就在于他们能否具有对于办好民办教育的执着的追求。如果仅仅将执掌民办学校作为权宜之计或者虽然已经身为民办学校校长但还死抱着一些固有的传统不思改变,那么就很难做好这个校长。

具有对于办好民办教育的执着追求是完成民办学校校长使命的首要前提,它包含两层含义,一是对于教育的执着追求,二是对于民办教育的执着追求。无论公办教育还是民办教育,在"教育"这一点上是共同的。从这个意义上讲,公办学校积累的经验、智慧、能力等无疑是一笔宝贵的财富,从公办学校高薪聘请优秀校长也就成为了民办教育主管部门的明智的当然的选择。将公办学校的一切优秀的先进的经验、理念等移植到民办学校，也使得民办学校一开始就站在一个较高的起点，虽然民办学校创办较晚，但是因为有了这个较高的起点，在一定程度上也就弥补了民办学校后发之劣势，使民办学校具有了跨越式发展的必要条件和前提。而使这种必要条件成为充分条件的重要因素就是校长对于教育事业的执着精神。无论学校姓"公"还是姓"私"，校长都必须姓"教"。教育是事业，事业的价值在于奉献，为学生成长奉献才华，为学校发展奉献智慧，为民族振兴奉献热血。但是，民办学校毕竟是"民办"，它在许多地方都与"公办"学校具有明显的不同，完全照搬以前的做法，也有可能带来一些负面的影响。因此，从这个意义上来讲，民办学校校长还必须从头开始，从零开始，认真研究民办教育的特点和规律，坚定其从事民办教育的执着的追求，有为民办教育奉献终身的理想。企业发展有一个大浪淘沙的过程，对现实认识模糊，对前途缺乏信心，抱残守缺，目光短视，缺乏向心力与责任心的人都将被淘汰。为此，就需要民办学校校长要以壮士断腕的气概向"公有"体制下的传统的落后习俗告别，以破釜沉舟的勇气与原来的"公办"身份脱离关系，搬掉"铁交椅"，砸烂"铁饭碗"，绘制新蓝图，像朱镕基总理说的那样——"勇往直前，义无反顾，鞠躬尽瘁，死而后已"。

思考之二：遵循教育规律和市场规律，构建起"规模——质量"型发展模式，使学校走上可持续发展的办学道路是民办学校校长的特殊使命。

仅有献身民办教育的热情是完全不够的，要做好民办学校校长，必须按照民办教育本身固有的特点和规律办事。民办教育是市场经济的产物，它的特点就在于"民办"，如果说在公办学校做校长必须要遵循教育规律，那么在民办学校不仅要遵循教育规律而且要遵循市场规律。那么怎样才能将这二者有机地结合起来呢，最有效的办法是要构建起"规模——质量"型发展模式，走可持续发展的办学道路。"规模"即办学规模，这是学校的量的表现，是学校遵循市场规律而实现的量的扩张，是投入之后的利润所在；"质量"即办学质量，主要是教学质量，这是学校的质的表现，是学校遵循教育规律而实现的质的升华，是投入之后获取利润的唯一保障。"规模"与"质量"二者缺一不可，如果只有规模没有质量，那么学校就不可能走上可持续发展的道路，最终而且可能很快就被激烈的办学竞争淘汰出局，而如果只有质量没有规模，那么创办民办学校的投入与产出的比例就会失调。规模与效益是紧密联系在一起的，因此，既要讲市场规律又要讲教育规律，既要追求规模又要追求质量,规模是有质量的规模,质量是有规模的质量,很多民办学校轰轰烈烈一段时间就萎靡不振了,其原因固然很多,但问题的主要症结就在于没有处理好"规模"与"质量"的关系。如果能够很好地处理好二者关系,构建起"规模——质量"型发展模式,那么,学校的可持续发展就将成为可能,学校的明天就一定会永远美好。

思考之三:优化干部队伍、教师队伍和学生队伍是完成民办学校校长使命的必备条件。

要办好一所学校,硬件等物质的东西是必不可少的,但它只是基本的因素而不是决定的因素。一个学校教育教学质量的高低,主要取决于人的因素,有一个优秀的校长固然至关重要,但与此同时还必须努力优化三支队伍。

一是优化干部队伍。主要内容应包括:干部的学科结构应是文理兼有,特别应考虑语文、数学和外语;干部的年龄结构应该是中青年相结合;干部的来源应该是各个不同的地方,以便集中借鉴各地的管理经验;干部的专长爱好应有所区别,以便实现优势互补。

干部队伍的优化重在过程。要用好干部,做到人尽其才,才尽其用,充分发挥每个干部自身的积极性、主动性和创造性,与此同时,应加强对于干部的扶、帮、教,不能让其自生自灭,要加强培训和考核,促使干部不断提高政策理论水平和实际工作能力,要加强对于干部的师德教育和作风建设,促使干部为师师表,增强干部集体的向心力和凝聚力。

二是优化教师队伍。要建立起一支数量足够、素质优良、结构合理、相对稳定的教师队伍。

1. 数量足够:一方面宁愿高薪养能人也不低薪养闲人,另一方面要实行满负荷而不超负荷,同时学科要配套。

2. 素质优良:师德高尚、业务精湛、身心健康、学历达标、经验丰富(一般应有三年以上教学经验)、中级以上职称、普通话流利。不吸烟、不酗酒、不赌博。

3. 结构合理:年龄结构——老中青相结合而以中青年为主;性别结构——男女结合而低段以女教师为主高段以男教师为主;地域结构——全国各地而以县级以上城市的教师为主。

4. 相对稳定:以待遇留人、以事业留人、以情感留人,努力建立一支相对稳定的骨干教师队伍,同时对实践证明不适合继续聘用的教师坚决解聘,不断优化教师集体。

三是优化学生队伍。为适应"规模——质量"型发展模式，走可持续发展的办学道路，就必须优化生源。

1. 把好入口。所有学生必须经过严格认真的考试与筛选，以保证学校的教育教学质量有一个高的起点。家长和社会对学校的评价只看出口，学校能否健康持续地发展也主要取决于出口，而要有一个高质量的出口就首先必须有一个高水平的入口，因为竞争的形势往往是一着领先着着领先，一步落后步步落后，开始就搞好就可能形成良性循环，开始就搞砸就可能形成恶性循环。客观上民办学校也有许多有利于把好入口的条件：学校自主招生，具有选择学生的权利；硬件比其他公办学校完善，体制比其他公办学校灵活，加上学校选聘了一批教育教学的专家、行家，这些都为选择性招生提供了充分的条件和有力的保证。

2. 优化过程。在校就读的学生，如果实在太差，特别是品德太差而又屡教不改的，要坚决予以清退或者在下一个学期招生时不予录取，决不能因为个别学生的存在而葬送学校的前途。

3. 优化招生政策。采取减、免、奖、助等多种手段吸引全优生、单优生、特长生等，从而提高学生队伍的整体水平和学校知名度。

思考之四：前瞻预测、决策指挥、沟通协调、教育指导是民办学校校长的主要职责。

学校工作方方面面，寄宿制学校更是千头万绪，作为一校之长，应该尽量从繁杂的琐事中解脱出来，把主要精力放在学校的大事要事上，主要应履行好以下四大职责。

1. 前瞻预测

公办学校校长由于受政策的制约和上级的掣肘，工作上不免被动从事，一切都是"计划"好了的，用不着校长多操心。而民办学校是市场经济的产物，要接受市场的激烈竞争的检验，这就要求校长不仅要有教育家的执着，而且要有企业家的精明，要脚踏实地干教育，眼观六路看市场。要关心政治，关心时事，认真收集分析各种与教育有关的信息，特别是政策、法规等，要不断学习教育学、教育管理学、信息论及市场经济有关知识，能够把握教育发展方向，站在教育改革前沿，能够预测教育市场的供需状况，并根据这些信息制定或调整办学措施。

2. 决策指挥

民办学校校长在董事会及其董事长领导下自主行使学校管理权，负有决策指挥的权利和职责。校长要认真研究形势，对形势进行敏锐的观察和科学的分析，并在此基础上做出正确的判断和取舍，为决策提供可靠的依据；要把握大局，对学校组成的各个要素进行有效的调控，使决策高屋建瓴；要依"法"治校，正确处理法、理、情的关系，使指挥纳入科学的法制的轨道；要在完善董事会领导下的校长负责制的基础上建立起行之有效的学校内部管理体制，搬掉"铁交椅"，砸烂"铁饭碗"，形成教师能进能出，干部能上能下，奖勤罚懒，奖优罚劣，优胜劣汰，动态竞争的运行机制，促使学校管理优良，校风优良，质量优良，生机勃勃，欣欣向荣。

3. 沟通协调

民办学校校长负有比公办学校校长更为重要的沟通协调的职责。一是要主动协调董事会及其董事长与校长之间的关系，将董事会领导下的校长负责制真正落到实处；二是要协调学校与家长、社会之间的关系，为学校健康稳定地发展赢得良好的空间和市场；三是要协调教职工之间的关系，营造良好的人际环境，提高教师工作积极性和学校的办学水平。

4. 教育指导

好校长首先应该是好教师，校长与一般意义上的好教师的区别只在于校长不仅要有实践的广度及钻研的深度，而且要有理论的高度和思考的力度，要能把握教育的共性同时又能诊断教师的个性。苏霍姆林斯基说过，校长对学校的领导首要的不是行政上的领导，而是教育思想上的领导，校长应该是教师的引路人，是教师的导师，始终站在教师的前列，以其敏锐的视角和独到的见解为教师的"半亩方塘"不断注入"源头活水"，使教师集体永远充满创造的生机与活力。教育主管部门和教育研究部门对民办学校的业务指导、检查和督促，相对于公办学校而言，要少得多，要弱得多，这也需要校长加大对于教育的指导力度。

思考之五：民办学校校长应该具有五大角色定位。

要做好民办学校校长，首先应做好角色定位，也就是说校长应该首先明确自己究竟应该成为一个什么样的人。民办学校有别于公办学校，民办学校校长也就具有与公办学校校长不同的角色定位。

1. 发展蓝图的设计师

校长首先应该是学校发展蓝图的设计师，明确学校办学理念、办学方向、办学规模、办学目标、培养目标、办学模式、管理模式，等等，制定出学校中长期发展规划，以宏伟蓝图、美好理想吸引和召唤全体教职工。

2. 教育理论的实践家

民办学校应该追求在高起点上的跨越式发展，因为无论是教师素质还是学生状况都应该比公办学校要好，硬件也好得多，包袱也少得多，有这些有利因素，再加上现代教育理论的指导，那么这种跨越式发展就可能实现。因此，民办学校校长还应该是教育理论的实践家，以现代教育理论为指导，以教育实践为阵地，以理论指导实践，以实践丰富理论，将学校办成教育理论的试验场。诸如创造教育、主体教育、成功教育、和谐教育、愉快教育、情景教育以及大教育等教育模式，诸如魏书生语文教学法、孙维刚数学教学法、张思中外语教学法等教学方法，都有其合理的先进的成分，都代表了我国目前教育教学某个方面的较高水平，站在这些巨人的肩上就能比别人看得更远，飞得更高。

3. 教育过程的指挥家

不管再忙再累，校长都不能被事务缠身，都不能放松教学这个中心，不能离开教育教学第一线。在教育教学过程中，校长应该始终是总指挥的角色，从课程标准的学习到教学计划的制订，从教学方法的选择到教学行为的实施，等等，校长都应该给予全方位的指导，在宏观上为教师指明方向。

4. 教育改革的探索者

中国的教育迫切需要改革。在某种意义上可以说，正是因为有了这种改革的紧迫才使民办学校赢得了自立的空间。如果总是跟在公办学校后面亦步亦趋，复制照搬公办学校老的一套甚至照搬已经被实践证明是落后的那些东西，那么，民办学校的命运肯定是岌岌可危。要利用民办学校体制灵活、机制灵活、名师云集的优势，大力推进教育改革，改革不合理的人事制度、分配制度，改革陈旧落后的教学方法、教学手段，从而促进民办学校在高起点上的跨越式发展。

5. 教育产业的开拓者

教育产业或者教育产业化已经成为我国教育界的一个热门话题，作为民办学校校长理应成为教育产业的开拓者，成为具有企业家头脑的教育家。

总之，执着一种追求，遵循两大规律，优化三支队伍，履行四项职责，定位五种角色，所有这些，构成了民办学校校长这种独特的身份和职业。

2. 学校建设之"道"

民校应形成办学特色和风格

——对话南开实验学校高中部校长张文

（原载《广州日报》2014－04－28）

东莞转型升级导致部分外来人口流失,这样的趋势是否影响民办学校招生? 在南开实验学校高中部校长张文看来,受东莞"世界工厂"的地位以及异地高考和中考的影响,东莞民办学校的生源只会增加不会减少。而对于民办学校之间的竞争压力,不同学校也根据学生的需求,形成了适合学生的办学特色和风格。

谈现状

东莞民办教育在全省名列前茅

记者:在您看来,民办学校办校的优势体现在哪里?

张文:民办高中学校机制灵活,对教学方针、计划、质量的考核都可以量化处理。总的来说,民办拥有更加充分的办学自主权,在招生地域、收费方式、办学模式,教师的招聘、使用,管理者的责任心等诸多方面,都有公办学校难以比拟的优势。

记者：您从事民办教育事业已经14年了，您能谈谈这么多年以来东莞民办学校的发展情况吗？东莞的民办教育还需要在哪些地方改进呢？

张文：东莞的民办教育无论是规模还是质量在全省都名列前茅，具体表现在，学校的数量和在校生的数量都位居全省前列。

我认为民办教育质量的提升，需要学校和家长共同努力。首先，民办学校的办学者应该遵守教育规律和市场规律，进行有序竞争。如果学校停止超容量招生，家长扭转盲从的择校观念，相信东莞的民办学校会越办越好。

谈育才

变"独木桥"为"立交桥"

记者：张校长，请简单介绍一下你们学校的办学特色以及今后的发展方向？

张文：我们要求每个学生都必须德智体全面发展。但是，每个学生又都是一个个独特的个体，每个人的个性禀赋、成长轨迹和最终达到的人生高度肯定会不一样，我们希望南开培养的学生部分能成为国家的栋梁，绝大多数成为各行业的精英。

记者：面临高考升学压力，民办学校和公办学校竞争的砝码是什么？是否有具体措施？

张文：我们的做法是变高考"独木桥"为"立交桥"，高考之难就难在千军万马挤"独木桥"，我们民办学校就是要给学生构建高考升学的"立交桥"，为学生开辟多种升学通道，引领学生根据自身特点选择最适合的升学路径。

具体做法上，我们抢占"联招"的优势，"联招"的全称是"中华人民共和国普通高等学校联合招收华侨港澳地区及台湾省学生"。我们通过招收华侨和港澳台学生，设置专门的"联招"班，让港澳台侨学生进入梦寐以求的学校。目前，大部分港澳台学生都分散在各个学校，学校没有针对联招考试办班，这样的教学模式既不利于学生学习，也不利于学校管理。

"联招"班开办以来已初显成效，以2013届为例，我校共有19名港澳台毕业生全部参加了"联招"考试，18人达到重点本科线，其中16人考取了"211工程"重点大学，并夺得了三个单科全国状元，两个数学满分。

谈转型

高端民校生源只会增加不会减少

记者：东莞转型升级是否给民办学校招生带来压力？

张文：只要东莞还是"世界工厂"，加上异地中考和异地高考的影响，高端民校生源只会增加不会减少，东莞民办学校的学位也依然比较紧俏。况且目前就读的仍然是独生子女，其父母还是愿意付出一定的金钱成本让孩子接受更好的教育。

记者：公办高中发展的势头也很迅猛，请问张校长对民办高中的未来有什么预期？

张文：办学质量是民办学校的生命线，这对民办学校而言既是压力也是动力，只要我们把学生的事情办好，学校的未来就一定会好。在我看来，民办学校办学硬件条件不可缺，拥有优美的校园和较好硬件设施，可让老师、家长和学生对学校有更强的归属感，也有利于师资队伍和学生生源的稳固。

我校高中部未来的发展仍将牢牢抓住一个"美"字做文章——"不求最大，只求最美"，打造"美丽高中"，我们对"美"的理念有四句话：美的愿景、美的环境、美的风气、美的模式。

南开实验学校教学工作整体思路刍议

（原载校刊《南开人》）

南开实验学校是一所小学、初中、高中一体制学校。三个学部各有特点，相对独立，但又都属于整个学校的有机组成部分，而不是绝对独立的三所学校。因此，要思考整个学校的教学工作思路就必须立足于以下两个基本的观察点。第一是每个学部各自的学段特点和阶段任务，第二是作为一体制学校的整体发展愿景和持续发展需求。基于这样两个观察点，我们可以将南开实验学校教学工作的整体思路概括为：小学——面向全体，狠抓后头；高中——面向全体，狠抓前头；初中——面向全体，狠抓两头。

所谓"面向全体"，就是要面向全体学生。无论是小学部还是初中部、高中部，都必须对每一个学生负责，这既是学校持续发展的需要，更是教师教学良心的底线，因而也就是整个学校各个学部共同的教学思路和要求。

在"面向全体"的基础上，小学部要"狠抓后头"，主要理由有四。第一，小学阶段是人生学习的起始阶段，在这个起始阶段必须保障每个学生享有共同的均等的接受义务教育的权利和机会，绝对不能因为对于优生的偏爱而忽略了对于后进生应有的关照，不能在小学阶段就对后进生"盖棺论定"了，就认为"朽木不可雕"了。相反地，我们更应该对于后进生多一些关注，多一些关心，多一些关爱，所以需要"狠抓后头"。第二，也正因为小学阶段是人生学习的起始阶段，学生学习的东西不多，因而缺陷也不多，需要弥补的难度也就不大，这正如一个人刚刚得了一点小感冒，只要稍微医治一下就可痊愈，而不必等到拖到重感冒甚至到了病入膏肓才手忙脚乱后悔不及。第三，还是因为小学阶段是人生学习的起始阶段，学生之间的分化毕竟还不是很明显，而且这种分化往往并不是因为智力的原因，而常常是因为学生的学习兴趣、习惯、方法等非智力因素所造成，而这些非智力因素更有待于小学阶段予以高度的重视和认真的培养。第四，从我校小学毕业生的升学去向来看，除了少部分优秀毕业生升入别的学校，其他学生基本上都升入了我校初中部，而由于历史的原因，我校小学毕业生中的后进生几乎全部升入了我校初中部，这些后进生如果在小学阶段没有受到特别的重视和关爱，到了初中势必更缺乏学习的后劲，既不利于学生个体的持续发展，也不利于我们学校的整体发展，因此，在小学部，我们必须"狠抓后头"。

而在高中部，我们在"面向全体"的基础上，就应该要"狠抓前头"。高中教育毕竟不同于九年义务教育，高考是摆在所有高中人面前的一道必做题，谁也不该交白卷。而随着高等教育大众化时代的来临，现在要升入高等院校读书已经不是什么难事，我校的高考总上线率已经接近100%，难的只是怎样升入好的大学。因此，社会对高考的期望已经由考上大学转变为考上好大学甚至名牌大学。顺应这种形势的需要，高中教育的期望值也应该做相应的调整，应该由追求升学率转而追求本科率甚至重本率、名校率，千方百计让更多的学生考取优质名牌大学。所以，高中的教学思路应该明确为："面向全体，狠抓前头"。

介于小学和高中之间的初中又有其自身的特点。一方面，初中属于义务教育阶段，理应保障每个学生均等的受教育的权利和机会，所以必须在坚持"面向全体"的同时"狠抓后头"，以保证每个学生尤其是后进生都能顺利地完成九年义务教育的学习任务。而另一方面，初中毕业就面临中考，中考可以说是学生漫长人生道路上的第一次真正意义上的重要考验，帮助每个学生考取心仪的高中是初中部的紧迫任务，考取重点名牌高中的人数和比例也就成为了衡量初中教育质量的一个极为重要的指标。因此，我们的初中教育在坚持"面向全体，狠抓后头"的同时还应该"狠抓前头"。正因为初中教育承担着这样两项重要使命，我们理所当然应该将初中的教学工作思路明确为"面向全体，狠抓两头"。

明确了整个学校的教学工作思路之后，怎样才能有效地将这一思路转化为具体的教学行为呢，可以从以下几个方面切入。

第一，凝聚共识。通过讲座、会议、座谈、研讨、交流、观摩、宣传等各种手段，让学校的教学工作整体思路深入人心，促使每个教师达成教学工作整体思路的广泛共识。

第二，建立机制。要建立起有助于全面贯彻教学工作整体思路的运行机制，尤其是考核奖惩机制，通过考核奖励方案引导每个教师认真落实学校的教学工作思路。在这方面我们已经做出了一些有益的探索，比如小学部出台了专门针对后进生转化的考核奖惩办法，促使老师"狠抓后头"；初中部的教学质量过程考核方案重点看各班的特优生、次优生和后进生的人数变化，切实体现"狠抓两头"；而高中，每学期三次大型考试之后的质量分析，都将各个班级和各个学科的本科有效分、重本有效分的人数作为最为重要的指标，很好地体现了"狠抓前头"，从2014届开始，公司就在高考奖中取消了专科上线人数的奖励，同时加大了对于重本上线人数和名校上线人数的奖励，这对于我校高中部贯彻落实"狠抓前头"的教学工作思路必将起到更大的推动作用。与此同时，三个学部在质量考核方面都特别注重了对于平均分或者平均名次的考核力度，很好地体现了"面向全体"。

第三，行政调控。作为学校和学部的行政，既要在思路上和理念上对老师们进行引领，还要在具体的工作中进行调控。比如，对贯彻教学思路不到位的教师予以帮助，必要的还要进行整改。又比如，召开狠抓优等生或者狠抓后进生的专题研讨会、经验交流会、现场观摩会等，提高老师"狠抓前头"或"狠抓后头"的技巧与水平。

常言说得好，思路决定出路，教学工作要出好成绩，前提是必须要有明确而又正确的思路，否则就可能眉毛胡子一把抓，没有主次，没有轻重，当然也就没有章法，没有效率，只要我们严格遵循教育教学规律，准确把握各个学部教学的阶段特点，认真落实"小学——面向全体，狠抓后头；高中——面向全体，狠抓前头；初中——面向全体，狠抓两头"的教学工作整体思路，那么，我们有理由相信，南开各个学部的教学质量必将呈现出各具特色、齐头并进的良好局面，南开的整体教学水平必将不断地跃上新的台阶。

（2015 年 1 月 6 日于东莞南开）

把"竞争"做到极致

（2013 衡水教育考察小结，发表于校报《南开风》）

在京津冀跑了一周，其中花在河北衡水的时间最短，只有一天，但是感受最深，绝对终生难忘。令人震撼心魄并深入骨髓的印象并不在于衡水中学今年考取了104 个清华北大、衡水二中考取了 25 个清华北大，一个小小的衡水市几乎包揽了清华北大在河北省的招生名额，而是这实在是辉煌得让人难以置信的成绩背后所折射出的衡水人的教育追求：他们简直把教育"竞争"做到了极致！

首先是优质生源的竞争。两校不仅把衡水城区的优质生源无一例外地收入囊中，而且把衡水城外各区县的优生一网打尽，半个不留。这还不够，毕竟衡水地域较小，两个学校就都把眼光投向整个河北省，甚至外省，诱使其他省市的优生像当年穷苦人民投奔解放区一样纷纷挤进衡水中学或者衡水二中那 70 多人一个班的教室。就连北京的不少富二代也远离京城屈就乡下，纷纷加入衡水"天下第一操"的激动行列。这还不够，两校不仅争抢应届生，复读生更是争抢的重点，据有位领导介绍，两校每年复读生都在 2000 人左右，不知道河北的公办中学怎么居然允许招收复读生，而且还居然招这么多的复读生，或者是河北其他市县的公办中学不准招收复读生而让衡水人独吞了这份蛋糕，这些我们都不得而知。我们只知道这些复读生一定为衡水的升学 GDP 做出了最大的贡献，同时也许这正是衡水能够几乎包揽清华北大在河北全省招生名额的最大秘密。

当然，优质生源只是前提，备考过程才是关键，于是"两眼一睁，开始竞争；两眼一闭,开始记忆",这就成为了两所学校师生的生活常态。学生每天早晨5点多起床,在操场上借助熹微的晨光开始朗读,然后是"天下第一操"的仰天长啸,然后是每天10节课的壮怀激烈。不仅学生是这样,老师也是这样,据一位出租车司机讲,他的一位亲戚在衡水中学做班主任,每天早上5点起床,每天晚上10点回家,那个累呀!不累行吗,以衡水二中高二为例,学校将全年级34个班分成两个学部,每个学部17个班,两个学部的学生成绩完全一样,两个学部的教师水平完全一样,两个学部的实验班与实验班之间、普通班与普通班之间的学生成绩也完全一样,干吗呢?竞争!在公平、公正、公开基础上的全员大PK,重点班学生考差了,去普通班;普通班学生考好了,去重点班。教师也是一样,学校每学期将教师的教学成绩及其他成绩统统折合成分数,然后根据分数给教师排名,衡水二中300多个教师,就从第1名排到第300多名,然后教师的涨工资呀、评先进呀、评职称呀,等等,一律从第一名的教师开始往后排队,在这样一种近乎白热化的竞争环境中,谁敢懈怠?谁能懈怠?而且考试无时不在,他们的做法是习题试卷化、练习考试化,每次作业都要打分,每次打分都要排名,每次排名都要公布。

时时都在竞争,人人都在竞争,是什么力量让衡水这两所"牛"校的师生就这么日复一日年复一年乐此不疲地奋斗拼搏呢?如果说从衡水中学校门口停放的那几辆怎么看单价也上不了10万元的小车身上能够找到一些答案的话,那么当我们目睹衡水二中的教师几乎全是骑着自行车最好的也就个摩托车还带着滚滚黄尘奔向学校的时候,再看看滚滚黄尘上面那雾霾蒙蒙的天空,这个答案就更清晰了。落后是衡水的不幸,而不甘落后是衡水的大幸,而不甘落后的最好方法或者说唯一出路还是——升学,也许这正是衡水一个小小的地级市能诞生两所闻名全国的"牛"校的外部原因。我们尤其想知道的是,这两所学校的内部管理究竟有些什么诀窍,他们何以能吸收到那么多的优质生源,他们何以能使学校内部的竞争实现极度的良性,达到完美与极致,并创造出简直是令人不可思议的升学奇迹的呢。我们知道,无论是优质生源还是社会环境,都只是必要条件,而绝不是充分条件,衡水人能够把高考做到极致,除了我们能够感受到的浓烈的竞争氛围之外,一定还有他们克敌制胜的法宝,一定还有他们四两拨千斤的绝招,而这些法宝和绝招肯定是秘不外传的,我们不能因为偷学不到他们的绝招就羡慕嫉妒恨,就酸葡萄心理,就骂别人是搞应试教育,甚至骂别人是"人间地狱",须知高考成绩就是综合素质的最佳衡量标准,不然为什么要依据这个分数来选拔人才呢,虽然是有极个别高分低能的,但正如低分高能的也是极个别的一样,绝大多数人的高考成绩都还是与其综合素质成正比的。正因为这样,选拔人才还是要依赖高考,衡水人遵循高考这个游戏规则,把这个游戏玩得炉火纯青,玩得高山仰止,也玩得让人眼红心跳,玩得让人妒火中烧,玩得让人大叫葡萄真酸。

我们在短短的一天行程中虽然未能深入其内部"偷"得其备考真经。但是,我们从他们校园大门外墙上那绵延上千米的宣传广告,从校园里面无处不在的励志宣传,从每个教室走廊两边那不断更新的成绩排名,从每个教室门外那激动人心的挑战应战,从每个教室里面70多个学生那炯炯有神的目光,从"天下第一操"那仪仗队般的步伐和响彻云霄的呐喊……我们分明感到,这里的每一处时空都在不停地为每一个师生的生命成长注入正能量,而每一个师生的蓬勃旺盛的生命力又在不断地扩散并增强这种正能量,也就是说,在这两所"牛"校,拼搏、竞争、进取已经成为了他们的学校文化,成为了他们的生命基因。我们分明感到,这里的每一个人,以及他们教与学的每一个时刻,都在狂热地燃烧激情,都在忘我地沸腾热血,都在亢奋地享受竞争,都在灿烂地怒放生命,都在执着地追逐梦想……

在京津冀跑了一周,蹲了三所层次不同的学校,听了10所学校的报告或介绍,一行五人共听了40多节课或讲座,感觉北京的老师爱搞理论,天津的老师爱玩模式(天津要求"一校一模,一科一模,一模多法",这次年会的主题也是"课堂教学模式的探索与实践",每个参会学校都论证了模式,南开大学附中不但提出了学校的模式,而且每个学科都提出了模式),而衡水的老师好像没有那些"虚"东西,他们就是搞高考,实实在在地抓,日复一日地抓,把应试技巧训练到极致,把综合素质培养到极致,把升学水平提高到极致。理论重要,还是模式重要,还是根本就不管什么理论、模式,就专心致志地把那些简简单单的事情做好,做到极致就行了,这是留给我们考察组一行的深层思考。学习什么,借鉴什么,扬弃什么,改进什么,这是我们必须深思并回答的问题。几天的耳闻目睹,再联想到曾经独领风骚的黄冈,联想到曾经名满天下的汨罗,令人不禁感慨万千,于是,返程时在自己的微信上情不自禁地冒出了这样几句顺口溜:

　　一周辗转京津冀,

　　两眼迷离上下中。

三尺讲台可有异?

四周光景大不同。

2013 年 10 月 29 日

巧 建 阅 览 室

(本人担任攀钢第七中小学和攀钢现代教育技术总校校长期间,在未花攀钢集团公司一分钱的情况下建起了全市所有中小学中最大的报刊阅览室。此建设经验在攀枝花市引起了巨大的轰动,市教育局专门组织各校校长前来本校学习取经。后来我就将此建设经验发表在北京《中小学管理》杂志 1995 年第 12 期,在省内外又引起了巨大的反响。于是四川省教育技术装备所邀请我在四川省教育技术装备会上去作了专题介绍,会后省教育技术装备所还将我的经验专文印发全省)

许多学校苦于教育经费拮据,连个像样的阅览室都建不起来。如果按下面的办法去做,问题将迎刃而解。提倡每个教师和学生每学期选订一份杂志或报纸(其内容由学校统一协调),这些报刊一律由学校派专人保管。每期报刊到校后均陈放于阅览室,待下期报刊到校后再将上期报刊发送到订户手中,通过这样巧设"时间差",阅览室就建立起来了。因为每人只订一份,经济上没有问题;又能以此换取成百上千份报刊的阅览权,教师和学生都一定会欣然接受;同时,这种"所有权归己,使用权归公"的办法还有利于形成团结、互助、文明、守纪的良好风尚。

团队建设的巧妙隐喻

——"感动中国"第 275 期最具战斗力团队培训心得

(活动结束之后为区宣教办提交的个人总结)

2014 年 12 月 4 日、5 日,根据南城区宣教办的安排,我与南城区各民办学校校长、幼儿园园长及其他行政共 60 人一起参加了"感动中国"第 275 期最具战斗力团队培训，两天的培训很辛苦，但是收获也颇丰，其中最令我印象深刻的是整个活动对于团队建设的巧妙隐喻，它以几个体验式活动的开展，让我进一步坚信了这样一句话："没有完美的个人，只有完美的团队"。

的确，尺有所短，寸有所长，每个人都有自己的优势，每个人也都有自己的缺点，不要奢望你的手下个个都是好汉，也不要觉得你的部属人人都是孬种，每个团队都是由各具短长的人们所组成，作为团队首长的校长和园长，能否将自己的团队打造成为最具战斗力团队，关键就取决于校长、园长能否有效整合团队的人力资源，能否打造出团队的核心竞争力，而以下两项工作尤为重要。

首先是团队建设工作。简短的开幕式之后，我们 60 人就被分成了 5 个小队，第一项工作就是要求每个小队选出自己的队长、副队长，然后给自己的队伍命名，确定一个口号、一个队徽、一首队歌，再明确一个团队目标。我所在的是第三队，选出正副队长之后，我们开始讨论队名、口号、队徽和队歌。关于队名，有人说叫"卓越队"，有人说叫"团结队"，还有人说叫"山鹰队"，还有叫其他名称的。这时教练叫我们给这几个名称投票，票多的当选，这时我一时兴起紧急叫停，我说先听我解释一下，我觉得刚才有人提出的"山鹰"这个名称蛮好，"山"谐音为咱们的第三队，"鹰"谐音为"赢"，"山鹰"寓意为"三队必赢"，教练问大家有没有道理，大家都说有道理，然后再举手投票，最后一致举手通过"山鹰"为我们的队名，然后又顺理成章地确定了我们的口号——"山鹰山鹰，三队必赢！"，唱响了我们的队歌"向前进，向前进，咱们是山鹰队，三队必定赢！"并明确了我们"勇争第一"的团队目标。这第一个活动 PK 下来，我们队就获得了满分 50 分的好成绩。整个过程看似一场游戏，其实完全就是团队建设的一个巧妙的隐喻，它至少可以给我们这样几点启发：第一，团队要靠建设，否则就是乌合之众；第二，团队的首领要赢得队员的信赖，否则就可能是孤家寡人；第三，团队要有自己的文化，名称、口号、队徽、队歌等都是文化的内容，这些文化就是整个团队凝聚力的源泉；第四，团队要有自己的愿景，目标就是愿景，没有共同愿景的团队必然目光短视，也必定没有战斗力；第五，也是最重要的一点，团队各项工作的开展都必须是依赖整个团队的共同智慧，必须达成整个团队的集体共识，不是上级说了算，也不是少数人说了算，而是集体认可的才算，这颇有点现代民主的意味。

其次是识人与用人，并在此基础上让每个人各尽所能，让整个团队取长补短，共同去完成既定的目标。每项活动刚开始给人的印象都是难以完成，甚至觉得根本就不能完成，但是最后却都完成了，靠的是什么呢，靠的就是各尽所能，靠的就是团队的力量。比如"解密行动"，要在几秒钟内记住20多张看似没有任何联系的陌生图片，然后在尽量短的时间内有规则地排列出来，单靠一个人不可能完成，需要每个人的共同参与，但是仅有共同参与还不够，还需要有正确的分工，明确哪些人去记住哪些图片，否则有的图片大家都记住了，而有的图片可能都没人记住，只有在每个人都记住了几张图片的基础上才能形成一个整体的布局，从而完成此项活动目标。在大家七嘴八舌议论纷纷莫衷一是的时候，我发现七宝一居幼儿园的吴园长说得最有道理，也最有信心，这时我就建议大家都听吴园长的，让吴园长牵头此项活动的计划、安排、分工，大家都觉得这样很好，于是吴园长也就成为了这个项目的指挥长，而两个组长跟大家一样都听从吴园长的调度和指挥。七轮比赛下来，在五支队伍之中，我们"山鹰队"是第一个解密成功的团队，也是唯一没有被罚做俯卧撑的团队。

"穿越电网"的活动可以看作是各尽其才，团结协作的绝妙隐喻。"电网"的网孔大小不一，形状各异，有高有低，要求每个人要从不同的网孔中穿过，这就需要认真审视每个人的个体特征，"量才穿孔"，只有每个人都从不同的网孔中成功穿越，整个队伍的成绩才有效，这就要求必须团结协作，而几乎每个孔都不可能让某个人直接穿越成功，都需要他人的帮助，活动隐喻的实质意义应该就在于此。

在所有项目中，最能展现团队力量和智慧的是"翻越毕业墙"。60个人重新组成一个大队，在不借助任何工具的情况下，要靠60个人自身的力量全部翻越三人高的笔直的墙壁，否则都不能"毕业"。最后我们只用了6分23秒就全部翻越成功。据教练们讲，我们不仅改写了"感动中国"的记录，而且可能只有部队才能够打破我们的记录。这一优异成绩的取得，靠的是团队的力量，靠的是团队的智慧，靠的是团队的协作，靠的是团队的互助。那一个个厚实的肩膀，承载的不只是一个又一个队员，更承载起了一个团队的决心；那一双双上举的双手，托起的不只是一个又一个身躯，更是托起了整个团队的希望；那一只只下垂的手臂，不只是在拉动一个又一个队友，更是在改写"感动中国"的历史；那一声声震天的呐喊，不只是在为队友们加油，更是对于活动中展现出来的团队精神的礼赞与讴歌！

个人往往是渺小的，但是，只要融入了团队，只要融入了具有共同愿景并且能够齐心协力的团队，渺小的个人也能放射出耀眼的光芒。作为校长、园长的我们，关键的关键是，如何将自己带领的团队整合好，建设好，带领好，与其埋怨某个下属的不作为，不如好好反省自己作为团队的领导者，有没有履行好领导者应有的职责。在"解密行动"的七轮比赛中，每轮比赛失败或者虽然成功但是落后的队伍，队长都被罚做了俯卧撑，从30个到60个再到100个，有的队长(包括女队长)居然先后被罚做了205个俯卧撑，我当时很不理解，心想，干吗那么心狠呢，是不是因为教练们以前读书被老师体罚过，现在终于可以报仇雪恨了呀，我多么庆幸自己没有出任队长啊。现在回想起来，这种让人"惊心动魄"的处罚，其目的无非是要告诫我们一个道理：既然担任了一队之长，就必须要勇于担当，队伍带不好，不要去指责队员，最该受罚的是——队长！

队长如此，校长亦然。

这，也是区宣教办组织本次活动的良苦用心吧！

第二章

管理，贵在有"方"

1. 明确方向

2011 年春季学期工作计划

东莞市南开实验学校高中部

一、指导思想

以"三个面向"为指针,以总校"治校大纲"为指引,以提高教育教学质量为中心,遵循教育教学规律、学生身心发展规律和市场经济规律,强化管理,优化服务,求真务实,与时俱进,不断开创各项工作新局面。

二、工作目标

(一)管理目标

全面落实公司及总校的各项工作要求,在巩固并完善制度管理的基础上积极探索适合于我部的文化管理方略,努力将高中部打造成为全体师生快乐成长和谐发展的精神家园;继续强化安全保障工作,确保严重违纪事件为零、重大安全事故为零,建设平安校园。

（二）德育目标

减少违规现象，减轻违纪程度，确保师生违法率为零；加大德育工作力度，优化德育工作方法，不断提升全体师生的思想修养、行为水准和精神气质。

（三）教学目标

力争高考全面超额完成市教育局下达的升学目标，确保高一、高二期末统考取得满意成绩，争取在各级各类竞赛中继续夺取优异成绩。

三、工作要点

（一）学部管理工作

1. 干部管理工作

努力加强干部队伍自身建设，不断提高干部队伍的思想素质和业务能力，坚决杜绝以权谋私、拉帮结派、徇私舞弊、形式主义、阳奉阴违等不良现象，坚持干部会商制度，执行责任追究制度，充分发挥"十大管理策略"的效力，大力弘扬严谨务实、雷厉风行的工作作风，努力打造一支团结协作、奋发进取、敢为人先、永不言败的管理团队。

2. 教师管理工作

加强师德师风建设，禁绝体罚、变相体罚现象；增强教师队伍的凝聚力、向心力，强化教师对于学部和学校的认同感、归宿感，努力建设一支相对稳定的骨干教师队伍；不断激发教师的进取精神，大力提升教师的业务能力，努力促进教师的专业化成长。

3. 学生管理工作

以思想道德教育和行为习惯的养成教育为基础，坚决贯彻落实中学生日常行为规范，努力内化南开"容止格言"，严肃校风，严明校规，严防捣乱，严惩违纪，严字当头，决不手软。要坚持和完善巡查制度，确保教室和寝室的管理质量，为学生的学习和休息提供绝对可靠的纪律保障。要强化对于学生的思想、行为的正确引领，切实加强心理健康教育，促使学生形成正确的人生观、价值观。要充分发挥学生会、班委会、团支部等学生管理团队的作用，充分调动学生自主管理的作用，形成齐抓共管的合力。

4.校园文化建设

要加强校园环境的净化、美化工作，打造绿色校园；要完善和落实各种规章制度，搭建公正公平的工作环境，打造和谐校园；要积极开展各种文体活动、竞赛活动，打造开心校园；要大力促进学校和学部办学理念的内化，打造人文校园。

5.常规管理工作

要坚定不移地抓好常规管理，以此作为学部健康发展的基础工作。要继续执行干部巡查制，坚决落实全员坐班制，严格考勤考核，奖惩兑现。要坚持并完善教学常规，努力实现每一个教学环节的高质量。要继续加强班主任队伍建设，做好班级常规管理工作。要努力改进学籍、档案、数据、文件等管理，做好基础资料的搜集、整理、保管等工作。

（二）教育教学工作

1.德育工作

要始终突出德育工作的首要地位，不断优化德育工作方法，努力探索德育工作的有效途径，大力提高德育工作的效率。要坚持"以行为规范教育为基础，以南开理念内化为重点，以拼搏进取教育为主线，以学校文化建设为特色，以德育网络构建为途径，以安全稳定工作为保障，以提高育人质量为宗旨"的德育工作总思路。要千方百计搞好班主任队伍建设，提高班主任的管理水平。要坚持并完善干部巡查制度、班级管理效果评比制度、校纪检查结果与任课教师或生活老师挂钩制度等，形成全员德育的合力。要高度重视并切实搞好心理教育工作，努力培养学生健康的心理、健全的人格。要教育和引导学生树立远大的志向，具备广阔的视野和博大的胸襟，树立为自己、为家人、为民族、为国家、为人类的福祉而努力奋斗的崇高理想和宏伟抱负。

2.教学工作

（1）深化质量意识。要进一步强化质量意识，促使"用分数说话，凭质量立足"的理念深入人心。要大张旗鼓抓质量，理直气壮抓分数，将期初考试、期中考试、期末考试等成绩与教师收入全面挂钩，将升学考试成绩与毕业班教师升学奖紧密挂钩，将班级教学质量与班主任津贴直接挂钩，将教师的教学业绩、管理水平与教师综合评价、升降去留严格挂钩，从而促使每一个教师都能视质量为生命，为提高教学质量而努力拼搏。要进一步强化教研工作，通过教研不断提高教师的教育教学水平。要在全体学生中进一步形成你追我赶人人争先的学习风气,使成绩优秀特长突出的同学成为人人学习的榜样和追赶的目标。要慎重实施并稳步推进重点班动态管理办法,不断激发学生的进取精神。要搞好学期的三次大型考试,每次考试之后都要对教师的教学质量进行公示,对优秀学生和进步最大的学生给予表彰。

(2)狠抓过程督导。要切实抓好教学过程的检查、督促、指导工作,努力提高课堂教学的效率。管理层要做到每节查课,每天听课,每周导课(每周就每一个学科的教学工作至少做一次指导),每月测课(每月开展一次教学质量测评);要充分发挥学生监督与评价的作用,在干部随时听取学生反馈信息的同时,认真用好《学生评教表》,要将学生反馈的意见作为评价教师的重要依据。要特别关注课堂纪律,凡是课堂违纪扣分的班级,要追究有关教师的责任,并根据扣分情况相应扣减有关教师的津贴。要全面实施"十大教学策略",努力打造"五有"课堂,力争教学过程的每一个环节都实现高质量。要坚持不懈地抓好教学研究工作,不断提高校本教研的质量,努力促进教师的专业化成长。

(3)确保高考质量。要将毕业班工作作为学部各项工作的重中之重,确保我校高考再创佳绩。主要要抓好以下十项工作,即明确目标、优化过程、强化基础、深化教研、促进协作、完善奖惩、培优补缺、严格管理、关注身心、加强督导(详细内容见《2011届毕业班工作提纲》)。要认真研究广东高考的特点及应对办法,积极探索高考英语"人机对话"等应对策略。

3. 艺体工作

要举办"名曲鉴赏"、"名画鉴赏"等系列活动,努力提高学生的艺术修养,要充分利用好各种课余时间,广泛开展各种课余艺体活动、竞赛等,努力丰富校园文化生活,培养学生健康的情趣,增强全体师生的凝聚力。

2011 年秋季学期工作计划

东莞市南开实验学校高中部

(提纲)

一、指导思想

以"三个面向"为指针,以总校"治校大纲"为指引,以提高教育教学质量为中心,遵循教育教学规律、学生身心发展规律和市场经济规律,强化管理,优化服务,求真务实,与时俱进,不断开创各项工作新局面。

二、工作目标

1. 确保教育教学及管理等各项工作平稳有序健康高效地开展。

2. 进一步建立起公正公平的工作环境,提升师生的幸福指数,形成温馨和谐的人际氛围。

3. 努力形成争创一流业绩的浓厚风气,确保教育教学质量稳步提高。

4. 确保严重违纪事件、违法事件、重大安全事故等为零。

5. 顺利通过"东莞市一级学校"办学评估。

三、工作要点

(一)抓好十大工作

1. 每个年级各举行三次大型考试。

2. 分学科开展 2011 年高考试卷研究。

3. 开展"同题课"、评卷课等系列公开课讲课、评课活动。

4. 继续推进各项改革,大力提升学部凝聚力、竞争力。

5. 每个年级至少举办两场面向学生的高品位的大型专题讲座。

6. 在学生中举办演讲比赛、歌咏比赛、辩论大赛等系列活动。

7.举办高质量的秋季田径运动会。

8.每月至少出版一期"热点聚焦"专栏。

9.每个年级至少召开一次高质量的家长会。

10.完成"市一级学校"评估各项工作。

(二)完善五项改革

1.改革教学管理架构,改"备课组"为"备考组",强化备考组职能,实行教研组与年级组共同领导备考组的管理架构。

2.改革组长产生与管理办法。所有组长均由学部任命,年级组长任期一轮,教研组长和备考组长任期一学期,均可连任。

3.改革教学绩效考核奖励办法,改动态考核为静态考核,改根据质量排名给奖为根据自身进退给奖,实施人均每次500元基础上加减的奖励办法。港澳台学生的生物、政治及会考学科均不纳入考核范围。

4.改革周末课程安排,实行非班主任教师五天工作制。

5.改革课堂评价导向,改"五有"要求为"五有十性"课堂要求。

2. 完善方案

优秀(先进)教师奖励方案

东莞市南开实验学校高中部

一、奖励类别及评选办法

(一)学科教学质量奖

每个年级4名,奖励任课教师,根据各科学期成绩变化情况评定(参考考试质量分析表之各科"成绩档案"),其中两名授予全班平均名次(即A)学期进步最大的两个教师,另外两名授予全班总分前25名学生平均名次(即B)进步最大的两个教师。由学部根据考试成绩予以评定。

(二)班级教学质量奖

每个年级奖励两个班级,根据班级学期成绩变化情况评定(参考考试质量分析表之各班"成绩档案"),其中1名授予全班学期总分平均名次(即A)进步最大的班级,另外1名授予全班学期总分前25名学生平均名次(即B)进步最大的班级。由学部根据考试成绩予以评定,奖金由该班质量考核学科所有教师共享。

（三）班级管理优秀奖

由学部根据班级教学质量和管理质量综合评定,每个年级八个班的学期成绩 A 项和学期成绩 B 项共占 50%,班级管理月度考核总分占 50%,最后总分列各年级前 4 名者当选。

（四）学科竞赛辅导奖

奖励我校高中学生在本学期参加各个文化学科竞赛获得市三等奖以上、其他项目获得市一等奖以上的辅导教师,名额不限,可与学校教科研奖重复给奖。由教师申报,学部核实之后确定。

（五）最受学生欢迎奖

奖励每学期各年级"我最喜欢的老师"前 2 名。由学部根据学生评选结果予以核实、评定。

（六）教师自由申报奖

由教师个人自由申报或他人推荐,各个年级召开评审会,由所在年级教师听取申报或推荐陈述(包括奖项名称、申报或推荐理由等)之后投票,申报内容不得与以上五项奖项重复,不得超越教学、教研、管理与教师专业成长等范围。每个年级评选 1 名。

（七）最佳教育服务奖

奖励教育教学辅助人员,其中生活教师 3 名,其他 1 名。按照自由申报——小组评议——学部审核的办法评定。

二、奖励必备条件

任何教师无论参评哪种类别的优秀(先进)都必须同时具备以下条件:

1. 在本部工作时间至少满一个学期,且学期累计请假时间未超过 3 天。

2. 在自己的责任范围内没有发生任何安全事故或比较严重的违纪事件。

3. 教学质量学期考核的 A 项或 B 项排名都不是处于全年级最后一名。

4. 没有体罚学生或变相体罚学生。

5. 没有接受家长的礼物、礼金或暗示家长请客。

6. 没有受到学生、家长或同事的任何投诉。

7. 学生满意度不属于全年级最后三名,或虽是最后三名但满意率高于 80%。

8.在劳动纪律、教学常规、工作态度、人际关系等方面没有明显的问题。

三、表彰奖励办法

高中部将最终确定的各类优秀(先进)教师名单进行公示,无异议之后上报总校,由总校在全体教职工大会上进行表彰。所有表彰主要以精神鼓励为主,其奖金额由学部根据"一线教师奖励金"结余情况酌定。

以上为校内奖励办法,如果有校级以上即省市区等奖励名额,就遵循以下原则办理:1.一般在当年高三教师中评选;2.质量第一;3.优先考虑班主任(包括级长);4.一般不重复评选。按照高中部部务委员会研究确定人选——学部公示——总校批准的程序予以评定,其奖励办法按照上级有关规定执行。

2012 年 9 月修订

优秀学生奖励方案

东莞市南开实验学校高中部

一、奖励类别

(一)学习成绩卓越奖

奖励期初(或"一模")、期中(或"二模")、期末考试总分排名列各年级前茅的学生,其中高一高二各奖励文科总分前 5 名、理科总分前 15 名(高一第一学期奖励年级前 20 名),高三奖励文科总分前 10 名 + 港澳台文科第一名、理科总分前 20 名 + 港澳台理科前三名。

(二)学习成绩进步奖

根据期初(或"一模")、期中(或"二模")、期末考试成绩进步幅度评定,奖励各班每次考试比上次考试总分排名进步幅度最大的 2 名学生。

(三)学期专项奖励

1.南开之星

作为每个学期南开学子学期综合奖励的最高荣誉,每个年级各 5 名(名额不分配到班,全年级统一评定)。

2.三好学生

奖励德智体全面发展的学生,每班 2 名。

3.优秀班干部

奖励在班级管理方面表现最为突出的学生,每班 1 名。

4.优秀团干部

奖励在团支部工作方面表现最为突出的团干,每班 1 名。

5.优秀学生会干部

奖励在学生会工作中表现最为突出的学生,共 10 名。

6.优秀团员

每班 1 名。

7.品德标兵

奖励在品行方面表现最为突出的学生,每班 1 名。

8.学习标兵

奖励在学习方面表现最为杰出的学生,每班 1 名。

9.劳动标兵

奖励在劳动方面表现最为杰出的学生,每班 1 名。

10.服务标兵

奖励在助人为乐方面表现最为突出的学生,重点考虑科代表、寝室长、路队长等,每班 1 名。

11.活动标兵

奖励在各种校园活动中表现突出的学生,每班 1 名。

(四)高考升学奖

根据每年招生简章注明的奖励办法予以奖励。

二、奖励办法

"学习成绩卓越奖"和"学习成绩进步奖"在期初或期中、期末考试成绩揭晓之后即予评定,由学部张榜公布,学部在全体学生大会上(或升旗仪式上)颁奖,分别发给奖品、奖状等。

"学期专项奖励"在学期末评定，高一高二共 164 人次，在下一学期开学典礼上颁奖。高三第二学期不再评选。

另外，学期末评选优秀班集体和优秀团支部，高一高二各 3 个（原则上按照文 1 理 2 评选），共 12 个，在下一学期开学典礼上颁奖。高三第二学期不再评选。

本方案从 2013 年春季开始执行。

2012 年 9 月

教师常规考核细则

东莞市南开实验学校高中部

1. 上班无故迟到、早退，或上班时段从事与教学无关的事，每次扣 20 元。

2. 不按时上下课，或中途无故离开课室，每次扣 30 元。

3. 无教案上课，或授课内容与所写教案差别较大，每次扣 20 元。

4. 未经批准私自调课，或无故坐着讲课，或上课时从事与教学无关的事，每次扣 20 元。

5. 课堂纪律太差，每次扣 20 元。

6. 课堂上对缺席学生去向不知不问，造成影响的，每次扣 50 元。

7. 作业、试卷等不按时批阅或批阅质量太差，每发现一次扣 20 元。

8. 教师听课记录，每学期不少于 15 节，每少 1 节扣 10 元。

9. 无故缺席集体教研、考研等活动或拒不接受分配任务，每次扣 20 元。

10. 在每学期三次大型考试中，不能按时按质完成任务的，每次扣 20 元；学生作弊，老师没发现的，每人次扣 50 元。

11. 无故不交或不按时按质上交计划、总结等，每次扣 20 元。

12. 不按要求管理路队，不亲自到生活部填写相关信息的，每次扣 20 元。

13. 各种会议、仪式等，迟到一次扣 20 元，无故不穿校服每次扣 20 元，无故不参加每次扣 50 元。

14. 不服从工作安排,或消极怠工情节严重的,每次扣50元。

15. 体罚或变相体罚学生,每发现一次扣50元。

16. 私自收取学生费用的,每发现一次扣50元。

17. 在非吸烟区吸烟,每发现一次扣20元。

18. 违背教师职业道德及学校、学部有关规定,给学校、学部造成负面影响的,每次扣50元。

备注:

1. 本细则的处罚标准均指下限,情况严重或屡次违犯的须提高处罚标准。

2. 本细则所指的"课堂",均含正课及早晚自习。

3. 未尽事宜参照有关条款执行。

4. 本细则解释权属学校校务委员会。

5. 操作办法:由有关管理人员随时将经过核实之后的教职工违纪情况记入下表,并在每月上报工资表之前将本表汇总学部校长审核签字,然后在相应教职工的工资中予以扣除。

记录人员:

违纪人员	违纪时间	违纪情况及处理	依据条款

关于初中部公办生政策的调整意见

东莞市南开实验学校

(给公司领导的建议稿)

尊敬的公司领导:

现将我校关于改革初中部公办生招生办法,将"公办生政策"调整为"奖学金政策"的意见呈报于后,请批示。

一、调整的背景

1. 根据上级有关文件精神,从 2015 年开始,全市所有学校的初中一年级招生考试(俗称"小升初"考试)都将取消笔试,改为面试招生,而我校原来执行的公办生政策,依据的是"小升初"笔试成绩,2015 年开始既然取消了笔试,公办生政策存在的依据也随之不复存在。

2. 与传统的笔试相比较,面试成绩存在着不易量化、不易比较等特点,如果以面试成绩作为确定公办生的依据,很难获得社会大众的认同。

3. 我校原来一直执行的公办生政策,依据的是一次性"小升初"考试成绩,一旦考进前 60 名,初中三年不管成绩好坏都享受公办生缴费待遇,这项政策在招生的时候对吸引优秀学生具有积极作用,但是对于学生进入初中之后的拼搏进取却不具有良好的政策导向,因此,原有的公办生政策也有调整的必要。

二、调整的思路

总体思路是:从 2015 级招收的学生开始,初中第一学期仍执行公办生政策,从第二学期开始,将初中部公办生政策调整为奖学金政策。

(一)初中第一学期仍执行公办生政策

为了吸引更多的优质生源,尤其是为了稳住本公司小学毕业生中的优秀学生入读我校初中部,建议将 60 个公办生指标分解为 25 + 15 + 20,其中 25 个指标用于

　　一个中学校长的"行"与"思"

招收南开小学部优秀毕业生，15个指标用于招收朝天小学优秀毕业生，20个指标用于外校。具体办法为：

1. 南开、朝小小学毕业生参加全市毕业统考，总成绩进入南开全年级前25名或者朝小前15名并且综合素质优良的学生，只要入读南开初中部，即享受公办生收费政策，为期一个学期。

2. 外校学生根据面试成绩，特别优秀的享受公办生收费政策，为期一个学期。

（二）从第二学期开始，将初中部公办生政策调整为奖学金政策，具体办法为

初中部每学期举行三次严格的大型考试，即期初考试、期中考试、期末考试，根据三次大型考试成绩计算出每个学生的学期综合成绩，再根据学期综合成绩及综合素质排名颁发奖学金。

每个年级每学期奖学金总额为50万元（现行初中非公办生交费标准为每期每生9000元，减少60名公办生即节余了54万元收入），全年奖学金总额为100万元。每学期颁发一等奖20人各奖7000元，二等奖50人各奖4000元，三等奖80人各奖2000元。

可否，请批复。

东莞市南开实验学校

2014年11月17日

3. 优化方略

赢 在 管 理

——解读潮阳新世界中英文学校卓越发展的奥秘

（原载《汕头教育》杂志2005年第4期）

潮阳新世界中英文学校是深圳市卓识教育管理顾问有限公司于1999年8月创办的一所集中小幼为一体的全日制寄宿制民办学校,办学至今虽然只有短短的六年时间,学校却获得了稳健而卓越的发展:学生人数达到3300余人,办学规模呈现出喜人的饱和状态;高考中考屡战屡胜,捷报频传:2004年首届高考,217人参加,216人上线,总上线率居汕头市第一名;2005年235人参加高考,215人达到专科A线以上,上省线率居汕头市第一名,郑作民同学以839分夺得汕头市高考总分第4名和潮阳区高考总分状元,顺利考取清华大学,184人达到本科录取线,本科率居汕头市第2名,潮阳区第1名;四届中考升重点中学的比例一直名列潮阳潮南两区最前列,2004年夺得潮南区中考状元,2005年包揽潮阳区中考个人总分第二名和第三名。学校先后被评为原潮阳市一级学校、汕头市一级学校。校风学风享誉粤东,高考中考蜚声潮汕。

作为一所面上民办学校,何以在激烈的办学竞争中赢得立足之地,何以在高考中考的拼杀中赢得满堂喝彩,何以在短短的六年时间就赢得如此稳健而卓越的发展,其原因是多方面的:各级领导的关心,教研部门的指导,兄弟学校的支持,社会各界的鼓励,所有这些都是极为重要的外部原因;优秀的教师队伍,勤奋的学生集体,科学的备考策略,完善的后勤保障,所有这些都是极为重要的内部原因,而分析我校卓越发展的最为主要和最为根本的原因,我们认为是"赢在管理"。

一是赢在管理体制。我校在管理体制方面有两个显著的特点。第一是实行民办学校的运行机制。第二是实行董事会领导下的真正意义上的校长负责制。民办学校的运行机制,使我校具有了非同寻常的危机感和紧迫感;董事会领导下的校长负责制,使我校具有了非常强烈的责任感和使命感。我们既要遵循市场经济的规律确保学校在激烈的办学竞争中赢得立足之地,更要遵循教育教学规律以教学和升学的高质量为学校发展注入不竭的动力,而所有这些都促使我们背负着常人难以背负的行囊,承受着常人难以承受的压力,在发展学校、壮大学校的艰难行程中勇往直前,义无反顾。将所有的压力都变成促使我们背水一战的动力,如临深渊,如履薄冰,以这样一种精神奋勇向前,就绝对没有比脚更长的路;以这样一种毅力奋力攀登,就绝对没有比人更高的山。

二是赢在管理方式。我校的内部管理方式可以简单地概括为"三全",即全寄宿、全封闭、全坐班。"全寄宿"为师生创造了更多的工作时间和学习时间,赢得了时间上的优势;"全封闭"为师生创造了优越的工作环境和学习环境,排除了社会上各种不利因素的影响;教师"全坐班",吃住大包干,又保证让全体教师将所有的时间、所有的精力都用于教学和管理工作。这样一来,无论是在时间方面还是在空间方面,无论是在客观上还是在主观上都创造出了一种非常优越的工作与学习的环境,创造出了一个求学与治学的现代"桃花源"。在我们这个"桃花源"里,所有老师的所有精力百分之百都是用于教学方面,绝对没有人从事第二职业,也绝对没有人从事家教,更绝对没有人从事麻将、赌博等活动,确保每一个学生的健康成长是所有老师的唯一所好。我们在"十大备考策略"里有一个叫做"零距离"策略,指的是学生与老师之间、问疑与解疑之间,在时间上实现"零距离"、在空间方面实现"零距离",师生在心理之间也是"零距离",师生同吃同住同生活,同喜同忧同进步,"怡然自乐",亲密无间,而之所以能够有效地实施"零距离"策略,在很大程度上得益于我们通过"三全管理方式"构建的这个现代"桃花源"。

三是赢在管理模式。我们的管理模式也可以概括为"三全",即全程管理、全员管理和全面管理。这种"三全管理模式",基础是体现一个"全"字,关键是落实一个"细"字,核心是贯彻一个"严"字,目标是实现一个"优"字。所谓"全",就是管理不留空挡,不留死角;所谓"细",就是讲究细节,追求细致;所谓"严",就是公道正派,铁面无私。我校建校至今一直实施的干部全程巡查制、教师轮流校检制、教学情况跟踪调查制、班级管理效果评比排行制等都有效地保证了"三全管理模式"的构建与实施。而这种"三全管理模式"的构建与实施又有效地保证了整个学校以及学校工作的方方面面都实现了良性运作,并在此基础上形成了优良的校风、教风、学风和考风,而这些优良的风气形成之后,就在无形之中产生了一股巨大的力量在引领着全体师生自觉地不断地向好的方面努力奋斗。教师努力争取好的教学成绩,学生努力争取好的考试成绩自然就成为了我们整个学校的主旋律了,学校的各项工作也都实现了良性循环。

四是赢在管理策略。我校提出并形成了"十大管理策略"。

第一,人本管理。我校的管理理念就是"以人为本,严格规范"。"以人为本"就是始终突出人的主体地位,全面尊重人的生命价值,努力满足人的发展需求,使师生个人的健康发展成为学校集体稳定发展的良好基础,将师生个体价值的充分实现作为学校健康发展的必要前提。因此,我们一直都致力于用远大的目标吸引人,用共同的事业凝聚人,用真挚的情感温暖人,用博大的胸怀尊重人,用火热的熔炉锻造人,用卓越的成绩成就人。这种人本管理思想,有效地唤起了每个人内心固有的向上向善的强烈渴望,自然也就充分地调动起了全体高三教师争创一流高考成绩的积极性与创造性。

第二,制度管理。我校在贯彻"人本管理"的同时,也始终强调并坚持"严格规范"的管理,而且努力做到严在时时,严在处处。为了将严格的制度管理落到实处,我校制订并完善了一系列规章制度,尤其是形成了包括全员聘任制、全员坐班制、干部督查制、教师校检制、教学质量动态量化考核制、班级管理效果评比排行制、责任追究制、末位追究制、绩效考核制、限期整改制在内的十大规章制度。这些规章制度的建立,为我校构建起了一个铁面无私,公正公平的"法治"环境。在我们学校,绝对地禁止请客送礼,禁止拉帮结派,禁止徇私舞弊。干部与每个教师都是等距离交往,只搞任人唯贤,不讲远近亲疏。所有教师都是"用成绩说话,凭质量立足"，而不是用人情说话，不是凭关系立足。在这样一种环境里，每一个人都清楚地知道自己工作的质量与自身利益的紧密关系，与自身前途的利害关系，因而，"不用扬鞭自奋蹄"也就成为了我校一道独特的风景。

第三，目标管理。我们在管理工作中始终注重目标明确，努力避免工作的盲目性和随意性，并注重目标与过程的有机统一。我们精心研究并科学制订出学校各方面及各阶段的工作目标，充分发挥目标的激励导向作用，跟踪检查总体目标在各阶段的达成情况，努力确保每个阶段和每个方面目标的有机实现，并在此基础上实现总的工作目标。以高考中考为例，每一届我们都有明确的目标，而且将目标分解到每个班级，细化到每个学科，落实到每个人头，每次考试之后我们都要对照奋斗目标准确计算达成情况，深入分析成败得失，以目标的达成情况作为教学过程评价的最主要的依据，然后再矫正、再努力，一步一个脚印地向上攀登，而志在顶峰的我们又决不留恋那半山腰的奇花异草，当然也就不会停止攀登的脚步，自然也就将绝顶的无限风光尽收眼底了。

第四，细节管理。我们认为，细节决定成败，在学校管理工作中，绝对不存在可以忽略的细节，因而我们始终注重学校管理工作的每一个具体的细节，从作业的格式、步骤到书写的姿势、规范，从路队的位子、队形到就餐的座位、手势，从学生的着装、打扮到头发的颜色、指甲的长短，诸如此类的细节问题我们也都常抓不懈，正是这种对于每一个细小环节的高度关注与完美追求，才保证了我校管理工作的环环相扣，步步为营，通过每一个细节的完美实现为总体目标的最终达成奠定了坚实的牢不可摧的基础。

第五，层级管理。一是管理主体的层级性，即实行分层级管理，董事会、校长、各部校长、各处室主任等不同层级都有明确的职责分工和在所负职责范围内的最大权限，董事会确保办学的大政方向和办学所需，而对于学校内部管理从来不予干预。校长拥有充分的办学自主权，学校内部各个层级的职权也是非常明确的，在我校绝对不存在越俎代庖，也绝对不允许尸位素餐，每一个层级都拥有绝对属于自己的用武之地，每一个层级的能量都得到了最大程度的发挥。二是管理对象的层次性，即在确保基本的共同的管理目标有效实现的基础上，针对不同的管理对象确定不同层次的管理目标，采取不同层次的管理方法，以高考中考为例，我们为每个层次的学生确定与之相适应的发展标高，并采取与不同层次的标高相适应的发展策略，实施个性化的培养，真正落实因材施教,从而确保了每个层次的学生都获得了理想的发展,我校两届高考和四届中考各条录取线的比例都很高,其原因也在于此。

第六,动力管理。以外部力量有效作用于被管理者,促使被管理者内在动力的形成与发挥,主要包括理念拉动,目标引动,舆论鼓动,考核促动,利益驱动,主客互动,积极促进人的自励、自省、自理、自立、自律、自动、自觉、自强,提高工作的水平与效率。

第七,动态管理。一是指人事制度上的动态管理,我校实行全员聘任制,彻底搬掉了"铁交椅",砸烂了"铁饭碗"。二是评价的动态管理,即无论对教师还是学生,都运用发展的动态的眼光去看待和评价。实施动态管理的最大好处是真正建立起了一种有效的激励竞争机制,我们的师资队伍在保持基本稳定的前提下采取必要的调整、充实措施,从而为整个学校的管理注入了源头活水,使整个学校的方方面面都显现出勃勃生机。

第八,全员管理。人人都是管理者,人人都参与学校管理,做到既分工明确,又协调一致。我们充分发挥干部的言传身教作用,班主任的主力军作用,教师的主渠道作用,"校检"的监督促进作用,学生干部的辅助作用以及全体师生的自主管理作用,共同形成管理的合力。有这样的管理,校风、学风、教风、考风等自然就保持在非常高的水准。我们3300多名学生常年寄宿在校,从来没有发生任何严重的打架斗殴事件;我们3300多名学生同时在餐厅就餐,从来没有发生任何冲突;我们3300多名学生在校园行走都要排队,任何时候都是秩序井然……用这样的队伍去打仗,哪有不赢的道理?

第九,全景管理。也就是对各个方面和各个环节进行有效的管理。主要包括:以科任教师为主的课堂教学常规管理,以班主任为核心的班级常规管理,以"校检"为中心的校风校纪管理,以德育处牵头的就餐就寝纪律管理,以主任以上干部为龙头的全面质量管理。管理无处不在,管理无处不有,任何时候,任何方面,都处于有效和有序的管理状态。正是这种全时空的无所不在的管理,使得我们学校不可能有严重的打架斗殴,也不可能有明显的谈情说爱,更不允许有任何人抽烟喝酒,这些困扰许多学校的老大难问题,在我们学校没有可以发生的时间,也没有可以生存的空间,因为我们的全景管理不允许有任何管理的死角,我们所营造的是一个立体式的全时空的优越的学习生活环境。

第十，科学管理。我们的任何一项管理工作都是力争做到既求实又求真，坚持管理的科学性。我们一直要求所有的管理人员尤其要努力掌握好四个规律，一是市场经济规律，二是人的身心发展规律，三是教育教学规律，四是高考中考规律，并努力按规律办事，使管理目标的确定、管理制度的制订、管理过程的实施、管理手段的使用、管理效果的评估，等等，都建立在科学的基础上。我们一直都在努力使学校的管理真正做到：避免主观性，尊重科学性，把握规律性，突出时效性，力创示范性。

任何一个学校的发展都取决于很多因素，诸如生源、师资、设备、办学历史、地理位置，等等，所有这些都是非常重要的因素，而最为主要和关键的因素还是管理。因为只有管理才能使这些因素所蕴涵的价值得到最大程度的发挥，也只有管理才能使这些因素实现有机整合。我们潮阳新世界中英文学校将继续坚定不移地执行"管理兴校"的既定方略，不断提高管理的艺术和水平，不断开创学校教育教学工作的新局面，努力谱写出学校卓越发展的更为辉煌的新篇章。

管 理 是 金

——潮阳学校管理工作的回顾与思考

（为公司提交的管理论文）

学校的发展取决于很多因素，诸如生源、师资、设备、办学历史、地理位置、经济实力，等等，所有这些都是非常重要的因素，而影响学校生存与发展的最为主要和最为关键的因素还是管理，因为只有管理才能使这些因素所蕴涵的价值得以发挥，也只有管理才能使这些因素实现有机整合。

要搞好学校的管理工作，必须首先把握住学校的基本特性，我们在潮阳新世界中英文学校的管理工作中始终关注的是这样三个主要特性：第一，我们是一所学校，所以首先必须要按照教育规律办事；第二，我们是一所私立学校，所以还必须要按照市场规律办事；第三，我们是潮汕地区的一所私立学校，所以我们必须立足潮汕的现状办教育。教育规律、市场规律再加上潮汕实际，这些就是我们思考问题的出发点，也是我们管理工作的立足点。创办潮汕地区第一流的民办学校，创造潮汕地区第一流的教育业绩,并进而在更大的范围唱响"新世界"这个教育品牌,这就是我们的管理目标。

要实现这个宏伟目标,首要的任务就是要聚精会神地搞好自己学校的内部管理。

作为一所志存高远的民办学校,要搞好学校的内部管理,就必须有一整套全新的管理思路和管理举措,尽管其他学校也有许多办学经验值得学习与借鉴,但是绝不能照搬照抄公办学校的现成模式,也不能复制其他民办学校的管理方法,尤其要避免实践已经证明影响其他学校健康发展的那些现象在自己的学校存在。

当今公办学校就问题与弊端而言,主要有以下表现:

第一,有名无实的"校长负责制"。

第二,捉襟见肘的学校财力。

第三,论资排辈。

第四,窝里斗。

第五,形式主义。

第六,平均主义。

第七,官本位思想。

第八,粗放式管理。

第九,非教育因素对学校管理的掣肘。

第十,效率低下。

当今中国民办教育也存在许多问题,主要表现在:

第一,重亲人轻外人。

第二,重硬件轻软件。

第三,重眼前轻长远。

第四,重数量轻质量。

第五,重沽名钓誉轻内在品质。

明确了当今公、民办学校在管理中存在的这些问题之后,再来思考我们的学校管理,就可以少走或者不走弯路,就可以为我们的学校管理赢得一个较高的起点。

七年来,我们在学校管理方面主要做了以下几项工作。

一、打造团结务实的管理团队

管理质量的高低首先取决于管理团队的素质,它既包括每个管理者的个体素质,也包括这个管理团队的整体素质,我们不能奢望每个管理者都出类拔萃,但是我们必须要使我们这个管理团队的整体能够鹤立鸡群。而要打造第一流的管理团队,校长起着最为关键的作用,拿破仑说:"一头狮子带领的一群绵羊可以打败一头绵羊带领的一群狮子",在办学竞争日益激烈的今天,带领学校冲锋陷阵的校长都应该具有狮子般的禀赋。

学校管理团队必须是一支团结务实的管理队伍。第一是团结,要使管理团队实现 1＋1＞2 的整体素质,唯一的办法就是团结,公办学校盛行窝里斗,我们斗不起,我们也没有必要斗,任何问题都可以放到桌面上,没有必要埋在心里,更不能因此影响工作。我们认为,在一起共事就是一种缘分,既然有这种缘分就应该珍惜,即使缘分尽了也应该微笑着告别。第二是要务实,公办学校有很多务虚的东西,导致形式主义盛行、文牍主义泛滥,表现在会议多、文件多、检查多、汇报多,将许多精力都用于与教育教学本身无关的事情上,许多非教育行为或者说是反教育行为严重影响学校的健康发展,这是我们所不允许的,我们也搞形式,但是不搞形式主义,不做表面文章。

二、创新职权明确的管理体制

我们公司实行的是董事会领导下的总经理负责制、校长责任制,这种管理体制既优越于所有公办学校也优越于其他民办学校,有效地避免了其他学校中经常出现的各种非教育因素和反教育因素对学校管理工作的掣肘,有利于校长聚精会神地搞好学校的内部管理。在学校内部,我们实行的是部门负责制,各个部门内部的具体工作完全由各部门主管领导负责,校长只在宏观上给予把握,而决不在具体的操作上指手画脚,更不越俎代庖。苏霍姆林斯基说:"校长的领导首先是思想上的领导,其次才是行政上的领导",校长眼要观六路,耳要听四方,心要想全局,但是校长没有必要全包全揽,没有必要事必躬亲,校长要举重若轻而不是举轻若重。校长要有一双慧眼,要知人善任,要明确每个下属的职责权限,然后放心地让下属去大胆地创造性地开展工作,即使下属在工作中出现了这样那样的问题,只要出发点是为了学校的发展,任何问题都是可以理解的。在管理工作中,不怕事情办不好,就怕不好好办事,尤其不能出现干事的怕说事的。金无足赤,人无完人,我们宁要有缺点的能人也决不要无缺点的庸人。而作为各个部门的管理干部,一定要明确自身的职权,在自己的职权范围内主动地创造性地开展工作,我们希望每个部门的领导都是一头活力四射的"狮子",而决不允许任何干部尸位素餐。

三、探索科学高效的管理方略

我校提出并形成了"十大管理策略"。

第一,人本管理。我校的管理理念就是"以人为本,严格规范"。我们所谓的"以人为本"绝不是公办学校中的"以人情为本",什么事情都讲人情、讲关系,我们所谓的"以人为本"就是始终突出人的主体地位,全面尊重人的生命价值,努力满足人的发展需求,使师生个人的健康发展成为学校集体稳定发展的良好基础,将师生个体价值的充分实现作为学校健康发展的必要前提。因此,我们一直都致力于用远大的目标吸引人,用共同的事业凝聚人,用真挚的情感温暖人,用博大的胸怀尊重人,用火热的熔炉锻造人,用卓越的成绩成就人,这种人本管理思想,有效地唤起了每个师生内心固有的向上向善的强烈渴望,增强了全体师生对于我们学校和我们共同事业的认同。

第二,制度管理。我校在贯彻"人本管理"的同时,也始终强调并坚持"严格规范"的制度管理,而且努力做到严在时时,严在处处。在公办学校,人人都生活在关系网中,制度小于权力,小于关系,制度管理往往是一纸空文;而在许多民办学校,由于实行家族式管理或者家族成员参与管理,制度管理也是举步维艰。我校在公司的英明领导下成功地实施了制度管理,并取得了明显的成效。为了将严格的制度管理落到实处,我校制订并完善了一系列规章制度,尤其是形成了包括全员聘任制、全员坐班制、干部督查制、教师校检制、教学质量动态量化考核制、班级管理效果评比排行制、责任追究制、末位追究制、绩效考核制、限期整改制在内的十大规章制度,形成了近10万字的《学校管理手册》。这些规章制度的建立,为我校构建起了一个铁面无私,公正公平的"法治"环境。在我们学校,绝对地禁止请客送礼,禁止拉帮结派,禁止徇私舞弊。干部与每个教师都是等距离交往,只搞任人唯贤,不讲远近亲疏。所有教师都是"用成绩说话,凭质量立足",而不是用人情说话,不是凭关系立足。在这样一种环境里,每一个人都清楚地知道自己工作的质量与自身利益的紧密关系,与自身前途的利害关系,因而,"不用扬鞭自奋蹄"也就成为了我校一道亮丽的风景。

第三,目标管理。我们在管理工作中始终注重目标明确,努力避免工作的盲目性和随意性,并注重目标与过程的有机统一。我们精心研究并科学制订出学校各方面及各阶段的工作目标,充分发挥目标的激励导向作用,跟踪检查总体目标在各阶段的达成情况,努力确保每个阶段和每个方面目标的有机实现,并在此基础上实现总的工作目标。

第四,精细管理。我们认为,细节决定成败,在学校管理工作中,绝对不存在可以忽略的细节,因而也绝对不应该像有的公办学校那样只做粗放性的管理。"祸患常积于忽微",许多大的问题的发生,看是偶然,但往往也包括许多必然的因素,正是许多对于细节的忽略而最终出现了大的问题,而我们的管理就应该从每一个细节入手,防微杜渐,未雨绸缪。

第五,层级管理。学校实行分层级管理,校长、各学部校长、各处室主任等不同层级都有明确的职责分工和在所负职责范围内的最大权限,在我校绝对不存在越俎代庖,也绝对不允许尸位素餐,每一个层级都拥有绝对属于自己的用武之地,每一个层级的能量都得到了最大程度的发挥。

第六,动力管理。以管理者所施加的外部力量有效作用于被管理者,促使被管理者内在动力的形成与发挥,主要包括理念拉动,目标引动,舆论鼓动,考核促动,利益驱动,积极促进人的自省、自励、自律、自强,提高工作的水平与效率。

第七,动态管理。一是充分发挥民办学校用人体制的优势,实施人事制度上的动态管理。二是评价的动态管理,即无论对教师还是学生,都运用动态的发展的眼光去看待和评价。实施动态管理的最大好处是真正建立起了一种有效的激励竞争机制,我们的师资队伍在保持基本稳定的前提下采取必要的调整、充实措施,从而为整个学校的管理注入了源头活水,使整个学校的方方面面都显现出勃勃生机。

第八,全员管理。人人都是管理者,人人都参与学校管理,做到既分工明确,又协调一致。我们充分发挥干部的言传身教作用,班主任的主力军作用,教师的主渠道作用,"校检"的监督促进作用,学生干部的辅助作用以及全体师生的自主管理作用,共同形成管理的合力。

第九,全景管理。也就是对学校的各个方面和各个环节进行有效的管理,营造一个立体式的全时空的优越的学习生活环境。主要包括:以科任教师为主的课堂教学常规管理,以班主任为核心的班级常规管理,以"校检"为中心的校风校纪管理,以德育处牵头的就餐就寝纪律管理,以主任以上干部为龙头的全面质量管理。

管理无处不在，管理无处不有，任何时候，任何方面，都处于有效和有序的管理状态。我校建校至今一直实施的干部全程巡查制、教师轮流校检制、教学情况跟踪调查制、班级管理效果评比排行制等都有效地保证了"全景管理"的构建与实施，而它的构建与实施又有效地保证了整个学校以及学校工作的方方面面都实现了良性运作，并在此基础上形成了优良的校风、政风、教风、学风、班风、考风等，而这些优良的风气形成之后，就在无形之中产生了一股巨大的力量在引领着全体师生自觉地不断地向好的方面努力奋斗，干部努力争取好的管理成绩，教师努力争取好的教学成绩，学生努力争取好的考试成绩自然就成为了我们整个学校的主旋律了，学校的各项工作也都实现了良性循环。

第十，科学管理。我们的任何一项管理工作都是力争做到既求实又求真，坚持管理的科学性。我们一直要求所有的管理人员尤其要努力掌握好四个规律，一是人的身心发展规律，二是教育教学规律，三是高考中考规律，四是市场经济规律，并努力按规律办事，使管理目标的确定、管理制度的制订、管理过程的实施、管理手段的使用、管理效果的评估，等等，都建立在科学的基础上。我们一直都在力求使学校的管理做到：避免主观性，尊重科学性，把握规律性，突出时效性，力创示范性。

学校管理是一部大文章，我们七年来的工作只是给它写了一个小小的开头，我们真诚地希望能够在公司的正确领导下，在各位同仁的大力支持下，经过我们共同的努力，为"新世界"的教育事业，写出一部真正有分量的巨著。

2013 年春季学期工作总结

东莞市南开实验学校高中部

第一部分 工作总结

在总校的正确领导和学校各部门的大力支持下，经过全体教职员工的共同努力，高中部圆满完成了期初确定的奋斗目标，取得了骄人的办学实绩，现将主要工作与主要成绩总结如下。

一、开展的主要工作

（一）教学方面

1.常规工作

狠抓教学常规管理，学部行政、干事、级长坚持每天巡课，整个学期共进行了两次全面的常规检查，并不定期地对教案、作业等进行了抽查，确保了教学工作的规范运行。

2.大型考试

仿照高考的要求认真抓好了两个基础年级的三次大型考试，即期初考试、期中考试和期末考试，确保了高三年级的三次模拟考试即"零模"、"一模"和"二模"的考试质量，为基础年级的期末市统考和毕业年级的高考取得优异成绩打下了坚实的基础。

3.制度建设

继续完善了教学质量考核奖励等方案，学部主要的制度、方案等全部挂上内网，质量考核的激励性、导向性和公正性进一步显现。

4.高效课堂

以创建东莞市"高效课堂实验学校"为契机，认真落实学部提出的"五有十性"课堂教学总要求，积极稳妥地推进课程改革和课堂改革，努力打造"精彩课堂"、"高效课堂"，整个学期学部开展"评卷课"、"同题课"、"研讨课"等各类公开课共计60节次，并做到同一学科教师全部听课、打分、评课、研讨，学部行政全程参与。

5.教研工作

积极开展教研、考研、教改工作，利用晚自习时间分学科举办了高考"考纲研究"、高考"年报研究"等系列研讨活动共计20场次，学部行政全程组织并参与。邀请省语文阅卷组长、省数学教研员、市政治教研员等专家来校进行备考指导，分学科举办备考座谈、研讨，分班级举办了八场"学法论坛"。

6.辅导工作

在面向全体学生的同时，我们认真抓好特殊学生的辅导工作，包括特优生的辅导，临界生的辅导，港澳台学生的辅导，艺体、传媒学生的辅导等，为多元升学和全员升学夯实了基础。

（二）教师方面

1. 高度重视教师的专业成长

我们坚持每周布置学习材料，不断为教师的教育观念注入源头活水；我们加速建设学部自己的教学资源库，并举办了专门的讲座和培训；我们还举办了中学学科网的使用培训和免费体验活动，为开阔教师的知识视野和减轻教师的工作压力提供了有益的帮助；我们如期举办了教师解题能力大赛并予以了颁奖，有力地促进了教师业务能力的提升。

2. 努力形成学部的强大合力

我们在高三举办了"每人一招"备考经验展示交流活动，让高三21名文化课教师轮流上台展示各自的备考绝活。我们在基础年级举办了为高三"献题"活动，发动高一高二共40余名文化课教师每人都将自己精心设计或搜索到的精品试题毫无保留地献给高三教师。我们在全体教师中组织了对学校第二个五年发展规划的讨论、修改活动，并将讨论意见整理之后上报总校。我们在全体学生中举行了评教活动，并将学生的评教情况个别反馈给教师个人，对带有共性的问题在全体教师会上进行了讲解。我们认真倾听教师在学期工作总结中提出的各项意见与建议，并尽量在工作安排的时候照顾到教师的工作意向。

（三）学生方面

1. 基础管理，注重规范性

我们以行为规范教育作为基础工作常抓不懈，每天早中晚都安排有专门的值班人员和学生干部在高中部入口处检查学生的仪容仪表，坚持每日巡查，每日公布、反馈班级考核情况，出台并规范了学生快件物品领取管理办法，严查手机等违禁物品，加强现金和贵重物品的管理，及时调控上午放学及午餐时间，我们还出台了《学生会考核办法》试行稿，充分发挥学生会在基础管理工作的能动作用。

2. 评先奖优，体现激励性

我们以"做顶天立地的中国人"作为学部培养目标，不断激发学生的进取精神。每次大型考试之后，我们都及时地表彰、奖励考试成绩优异的学生和成绩进步幅度最大的学生。我们创办了"名人月报"宣传栏，每月一期，每期宣传三个"南开之星"和一个"环球之星"，让南开小明星与环球大明星争奇斗艳。学期结束之后我们根据学期综合表现，评选出南开之星、三好学生、优秀班干部、优秀团干部、优秀学生会干部、优秀团员和品德标兵、学习标兵、劳动标兵、服务标兵、活动标兵,在五四青年节表彰了优秀团组织和优秀团员。我们还改进了评选优秀学生的办法,在评选宋庆龄基金获得者和市三好学生、市优秀学生干部时让学生自己面向评委做陈述,而所有评委也都由学生干部担任,这样既体现了评优的公正性,也体现了评优的激励性和教育性。

3.学生活动,突出多样性

我们坚持有目的有计划地开展形式多样的校内外活动,包括征文比赛、英语演讲比赛、《红楼梦》知识竞赛、辩论赛、排球赛、拔河比赛、"十佳歌手"大赛、清明祭拜总理仪式、高三百日誓师、高中毕业典礼、"麦田义卖"、学生干部素质拓展训练、春游、收看"感动中国人物"事迹、到敬老院参加志愿者活动,等等,为培养学生的能力、展示学生的才华、开阔学生的眼界、培养学生的爱心搭建了广阔的平台。

(四)其他方面

一是招生工作。我们进一步加大了招生工作力度,精心制作招生宣传资料,先后到10多所初中学校进行招生宣传和走访,召开了本校初三前150名学生及家长大会,积极稳妥地做好了与本校初三优生签订入学协议的工作。我们积极争取公司的支持,改革学生奖励办法,实行"奖金前移",即减少升学奖奖金,增大入口奖奖金,为招收到更多优质生源提供了强有力的政策支撑。

二是"创绿"工作。认真落实创建市"绿色学校"相关工作,积极进行评估资料的准备,为顺利获评市"绿色学校"做出了应有的贡献。

三是写史工作。我们精心编写并出版了《高中部年级志(2010级)》,为学部和学校的文化建设又添新篇。

四是捐款工作。我们组织高中部师生为身患重病的王海波老师捐款,获得了全体师生的积极响应,为王海波老师送去了最真诚的关爱和最及时的救助。

五是教师旅游。顺利组织高三教师到云南大理、丽江等地旅游观光,让高三教师释放了压力,开阔了视野,丰富了见识。

二、取得的主要成绩

(一)高考

1.优生占有率:再次超越本校起点

根据市教育局发布的统计数据可知,与历届高考一样,我校本届高考在全市各

优生段占有的人数远远超过了高一入口时拥有的人数,再次谱写了一曲"低进高出,高进优出"的凯歌:

时　间	人数	前100人	前200人	前500人	前1000人	前1500人	前2000人	前3000人	前4000人	前5000人
高一入口	394	1	3	7	15	26	34	58	76	81
高考理科	229	2	5	12	20	29	40	61	80	106
高考文科	128			1	3	4	6	17	29	42

★喜悦分享:1.市教育局发布的高一入口成绩(即高中起点成绩,也就是中考成绩)没有分文理科,而高考分了文理科,我校即使只看理科高考优生人数也大大超越了起点各优生人数段的总数。2.我校起点还包含了港澳台等特殊类别,而高考统计时市里没有统计这部分人数,也就是说我校本届18名考上"联招"重点本科的人数在入口有统计但是在高考却没有统计进去,即使不统计这18个重本,我校高考各优生段的人数也大大超越了高一入口的优生人数。3.市里发布的起点数据全是应届生,高考包含了补习生,而我校本届高考没有补习生。

2.目标完成率:全面完成市定指标

★重点本科市定目标26人,实际完成66人,超额40人,目标完成率254%。

★本科以上市定目标158人,实际完成224人,超额66人,目标完成率142%。

★三A以上市定目标220人,实际完成326人,超额106人,目标完成率148%。

★三B以上市定目标300人,实际完成372人,超额72人,目标完成率124%。

3.高考上线率:大幅领先省均水平

★重本上线总人数66人,重本率17%,比全省平均水平高约10个百分点。

★本科以上总人数224人,本科率57.7%,比全省平均水平高18个百分点。

★专科线以上总人数372人,总上线率95.9%,比全省平均水平高17个百分点。

4.联招名校率:昂首挺进全国前列

我校将"港台班"作为全市普通高中学校中唯一的特色项目精心打造,终于结出了丰硕的果实:

★19名港澳台侨毕业生全部参加了"全国联招"考试,其中9人同时参加了暨南大学和华侨大学的"两校联考",共有18人达到重点本科线,其中16人考取国家

"211工程"重点大学，重点本科上线率95％，重本率、名校率全国领先。

★5人"全国联招"总分达到600分以上，并夺得三个单科全国状元：

刘凯琪"全国联招"数学获得满分150分，全国第一名；

蔡明期"全国联招"数学获得满分150分，全国第一名；

刘凯琪"全国联招"化学获得143分，全国第一名。

（二）会考

255名理科考生中有248人达到了三个C等以上，只有一个学生少于两个C等。112名文科考生中，有97人达到了两个C等以上，其中86人达到了三个C等以上，均达到了高考录取对于会考成绩的相应要求。

（三）学科竞赛

学生：共有40人次在各级各类竞赛中获奖，其中获市级竞赛奖7人次，获省级竞赛奖18人次，获国家级竞赛奖15人次。

教师：荣获各级各类奖励共23人次，3名教师被评为东莞市第一批教学能手。

总之，整个学期高中部校风优良，政风纯正，教风严谨，学风浓厚，考风严明，教育教学质量全面提高，师生的幸福感不断增强，同行认可度和社会美誉度不断提升。

第二部分　新学期工作思路

一、学期工作总思路

以"三个面向"为指针，以总校办学思路为引领，严格遵循教育规律，充分尊重办学实际，努力挖掘内部潜力，奋力打造美丽高中。

二、学期主要工作

1. 期初、期中、期末三次大型考试。

2. 高考论坛：2013届高考总结与考卷研究。

3. 同题课、评卷课、研讨课等公开课。

4. 三个年级各召开一次学生大会、家长大会。

5. 举办丰富多彩的师生文体活动。

6.2013 届优秀毕业生及 2013 级优秀新生颁奖典礼。

7.为 2013 届优秀毕业生送喜报活动。

8.基于阅卷系统的质量管理策略研究。

2013 年秋季学期工作总结

东莞市南开实验学校高中部

在 2013 年秋季学部第一次教职工大会上,高中部明确提出了"深挖内部潜力,打造美丽高中"的学期工作总目标。一学期来,高中部全体教职员工紧密围绕学期总目标踏踏实实地开展各项工作,取得了明显的实绩,工作要点及实效主要表现在以下 60 个方面。

1.计划工作。学部在学期开始之前就编制并印发整个学期的行事历,在第一周就制订好各个年级各个学科的教学教研计划和教学进度安排,每周结束前即编制并印发下周主要工作安排,期中考试之后即编制印发期末行事历,所有上级安排均力争第一时间传达到有关人员,以计划的周密确保了学部工作的高效、有序。

2.时间调控工作。制订了行之有效的作息时间,明确了教职工的坐班时间,合理安排了教职工的休假时间,巧妙地调剂了教职工的周末时间,每周均及时地调控了各年级学生的午餐时间。

3.网络管理平台建设工作。在学校内网"高中部"栏目下开设了教学处、学生处、学部文件、高考档案、教师金榜、教研文萃、教师文苑七个小栏目,使管理工作和学部史料建设工作前进了一大步。

4.待遇调整工作。经过积极的运筹,终于对早晚自习的课时费做了必要的调整,早晚自习的待遇有了稍微的提高。

5.起点发布工作。学期开始即发布各个年级、各个学科、各个班级、各个教师的成绩起点与质量考核起点,为整个学期的质量考核明确了参照。

6.高中优秀新生奖励工作。实行新的招生奖励政策之后,吸引到了更多的优秀学生就读我校高中,学部在公司奖金没有正式下拨之前就及时召开了颁奖大会,稳定了优生,振奋了士气。

7. 走访部分初中学校。选择了几所为我校输送优生较多的初中学校进行走访或者电访,密切了校际关系。

8. 教学常规工作。严格做到有计划,有督促,有检查,有整改。狠抓教案、作业等关键环节,在对教案、作业不定时抽查的同时,还对教案、作业进行了两次大普查,对个别问题严重的进行了整改。

9. 教师评优工作。根据学部评优方案与教职工工作实绩,认真开展了评优工作。

10. 港澳台生辅导工作。加强高一高二港台生的自习管理和辅导工作,着力抓好高三港台生联招考试的教学与辅导工作。

11. 改进命题工作。学部印发了《东莞市南开实验学校高中部命题工作实施办法》,将命题工作由原来的"任命制"改革为"聘请制",极大地提高了试卷命制水平。

12. 考试工作。学部成功举办了三个年级的期初、期中、期末三次大型考试。每个年级成功举办了分学科的每周检测。每个学科成功举办了主要知识点的限时训练。三级检测体系进一步完善。

13. 质量分析工作。学部三次大型考试之后都认真进行质量分析,召开年级质量分析会,班科协调会,学生总结会等。

14. 质量考核工作。三次大型考试之后,学部都认真核对各种考试数据,然后按照学部奖励方案进行了质量考核。

15. 校本教研工作。重视校本教研,以课堂为主要研究对象,严格按"五有十性"的要求打造高效课堂,成功举办了"同题课"、"评卷课"、研讨课等公开课教学活动。

16. 高考总结工作。分科举办高考总结,由2013届的每个文化课教师写出书面总结报告提交学部"高考论坛",同学科教师共同反思过去,探讨未来。

17. 考卷研究工作。分科举办考卷研究,由2014届的每个文化课教师写出书面研究报告提交学部"高考论坛",力争以准确深入的研究把握高考的脉搏和动向。

18. 班级备考策略研讨工作。由2014届各班班主任写出书面的班级备考方案,并提交学部"高考论坛",集思广益,共谋良策。

19. 班级管理优秀案例评选工作。举办了班级管理优秀案例评选,高中部三个年级24个班级的班主任全部参加,学部对优秀案例予以奖励、推广。

20. 高中部题库建设工作。学部印发了题库建设工作方案，成立了题库建设协调小组和工作小组，举办了题库建设专题讲座，推动了题库建设工作的快速发展。

21. 新聘教师培训工作。组织新聘教师学习学部的有关文件、方案，明确学部的各项要求，促使新聘教师尽快适应学部工作的需要。

22. 市教学能手相关工作。积极参加东莞市第三批高中学科带头人教学展示研讨活动。鼓励并支持教师参加市教学能手评比，学部为此提供一切力所能及的帮助。

23. 市级教研工作。积极组织教师参加市高考总结会，学科教研会等相关活动。

24. 外出学习。组织了部分教师赴南开大学附中、衡水中学学习、观摩，组织了部分教师赴佛山参加全国性会议。开阔了眼界，增长了见识。

25. 市教研室视导工作。高度重视东莞市教研室到我校进行教学视导，学部积极安排，教师认真准备，取得了较好效果。

26. 教师学习工作。学部每周提供学习内容供老师们自学，促使教师不断提高理论修养与水平。学部为每个级长和班主任购买了《王金战眼中的衡水中学》一书并组织学习、讨论。

27. 学科竞赛工作。积极参加各科竞赛并取得了较好成绩，其中学生荣获省级一等奖 1 人、省级二等奖 2 人、省级三等奖 8 人、市级一等奖 3 人、市级二等奖 16 人、市级三等奖 27 人，教师中有 14 人荣获各种竞赛辅导优秀指导教师奖。

28. 高考奖发放工作。学部认真核实各种高考数据，严格遵循既定奖励方案，举办了简朴而隆重的颁奖典礼和庆功晚宴，确保了奖金发放的准确、公正、喜庆。

29. 文理分科工作。召开了高一年级学生和家长参加的文理分科指导大会，创办了文理分科指导专栏，有效地引导更多的学生选报理科，使我校文理科人数的比例继续优于全市其他学校，为赢得高考的顺利抢占了先机。

30. 高考、会考报名工作。圆满完成了 2014 年高考报名及确认工作，2014 年学业水平考试报名及确认工作。

31. 电子学籍创建工作。按照上级有关要求，及时圆满地完成了高中学生全国电子学籍创建工作。

32. "创强"工作。积极协助有关部门认真完成了"南城区创东莞市教育现代化强镇"学校资料的汇总工作。

33."申一"工作。积极申报"省一级学校"，配合有关部门顺利完成并上交了申报材料。

34.教职工体检工作。积极组织教师参加体检，为复检教师提供各种便利。

35.教师旅游工作。组织教师赴清远森波拉度假村旅游，放松了身心，增进了友谊。

36.校园文化建设工作。继续办好"名人月刊"宣传专栏，新建了高三文化长廊，促进各班努力建设各具特色的班级文化。

37.学生评教工作。认真组织学生评教，并对评教数据进行认真的汇总、统计，对有关情况进行及时的反馈与整改。

38.德育基础工作。强化常规管理，狠抓细节管理，突出纪律教育，勤查仪容仪表，禁绝手机，加强快递管理，重视现金和贵重物品管理。

39.团员及志愿者工作。顺利组建第七届团支部，圆满完成在校团员的年度统计，邀请东莞市星扬社会工作服务中心主任来我校为志愿者进行专题培训，组织团干、志愿者赴东莞市明昕语言康复中心为聋哑儿童赠送了两台电视机和两台DVD，组织志愿者到新基社区开展了第二期"关爱孤寡老，用爱温暖社会"扶助孤寡老师志愿服务活动，组织志愿者为高中部第七届运动会全程服务。

40.励志教育工作。举办了开学典礼，成人仪式，教师节感恩活动等。

41.心理教育工作。高度重视学生心理健康，举办了心理健康讲座，进行了学生心理测试，及时疏导学生尤其是高三学生的各种心理问题、情绪问题等。

42.卫生管理。坚持每天两小扫，每周一大扫，确保教室、寝室、办公室和公共区域的卫生。

43.图书角建设工作。努力促进各班图书角建设，规定数量，促进阅读。

44.学生干部竞选工作。学部举办了学生会干部的换届选举，部分班级举办了班干部的竞选，为学生展示自我、服务他人提供了平台。

45.学生干部培训工作。举办了学生会干部、干事的培训和部分班干部的培训，组织学生干部到台商子弟学校的生命力学习营地进行"挑战自我、熔炼团队"拓展训练。

46.体育锻炼工作。坚持每周两节体育课，两节课外体育锻炼，一节课余自由活动，基本上保证了平均每天一小时的锻炼时间。

47. 成功举办了高一高二年级篮球比赛。

48. 第七届田径运动会顺利举办,其竞技水平和精神面貌均超越历届运动会。

49. 省羽赛上创佳绩。组织4名学生参加广东省中学生羽毛球比赛并取得了骄人战绩:两人分别夺得男子单打第二名、第五名,两组分别夺得男子双打第五名、第六名,并夺得团体总分第四名的好成绩。

50. 玉兰剧院展风采。由高一高二学生参演的"我爱南开"诗朗诵在"梦想的力量"南开专场演出中赢得了广泛好评。

51. 演讲比赛热情高。学部举办了"爱与责任"演讲比赛,赢得了学生的积极参与,取得了良好的效果。

52. 学生表彰工作。每次大型考试之后,每项大型活动之后,对表现突出的学生都给予表彰、奖励。

53. 周末留校学生管理工作。学生在自愿的前提下周末留校,年级在教师自愿并年级协调的基础上安排老师周末值班,确保了周末留校工作的万无一失。

54. 家校联系工作。各年级均召开了家长会,家校通为家长及时传递各种必要的信息,部分班级还通过QQ、微信等在家校之间搭建起了友谊的桥梁。

55. 成功举办了学生迎新年晚会。

56. 成功组织了学生秋游。

57. 成功举办了教师迎新年晚会。

58. 安全工作。高度重视安全,时刻强调安全,举办消防演练,查找安全隐患,确保了整个学期没有发生任何安全事故。

59. 教师优化组合工作。继续完善教师优化组合办法,在高一第一学期末优化组合"班级组",进一步形成了人人争创一流业绩的浓厚氛围,进一步提高了"班级组"的凝聚力和战斗力。

60. 教师意向听取工作。在安排教师撰写期末工作总结的同时,要求教师提出下个学期的工作意向,学部在整体安排允许的情况下尽量考虑老师的个别意向,以体现人本管理和人文关怀。

经过全体教职员工的共同努力,高中部圆满完成了学期奋斗目标,教育教学秩序井然,校风学风有口皆碑,师生精神面貌越来越好,学部办学质量越来越高。期末参加全市统考,三个年级均取得了满意的成绩,其中高三成绩尤为喜人:在人口只有1人达到莞中录取线的不利情况下,纯文理科有 38 人达到了重点大学分数线以上,比上届同期净增 12 人,重本率 12.3%;208 人达到本科线以上,比上届同期净增 32 人,本科率 67.3%;307 人达到专科线以上,总上线率 99.4%。与高一入口成绩比较,我校的进步幅度名列全市前茅:进入全市前 800 名的人数从起点的 0 人增加到 15 人,进入全市前 1000 名的人数从起点的 5 人增加到 20 人,进入全市前 2000 名的人数从起点的 19 人增加到 47 人,进入全市前 4000 名的人数从起点的 61 人增加到 113 人,进入全市前 6000 名的人数从起点的 106 人增加到 196 人,而且还没有计算我校港澳台、传媒等特殊类别考生。在 2014 年艺术类高考术科考试中,我校有 16 人达到 2014 年本科资格线,其中有 5 人达到 2013 年高考分数线,为我校艺术类高考历年最好成绩。

新学期高中部的工作思路是:以"三个面向"为指针,以总校办学思路为引领,严格遵循教育规律,充分尊重办学实际,继续深挖内部潜力,奋力打造高中教育的升级版。

努力实现七大领域的转型升级:

1. 课堂评价:评教——评学

2. 教学生态:多讲多练——精讲快练

3. 试卷命制:任务制——聘请制

4. 学习阵地:一个课堂——三个课堂

5. 升学途径:独木桥——立交桥

6. 教师岗位:领导安排——优化组合

7. 办学水平:市一级——省一级

市一级学校复评自评报告

汕头市潮阳新世界中英文学校

(为复评汕头市一级学校而作)

我校是深圳市卓识教育管理顾问有限公司于 1999 年 8 月投资创办的一所现代化高规格民办学校,经过短短几年的发展,已经成为了粤东地区规模最大、校风最好、质量最优、校园最美、声誉最佳、前景最好的民办学校之一，并于 2004 年 12 月顺利通过了汕头市一级学校评估，成为汕头市一级学校。

"汕头市一级学校"的挂牌是我校发展史上的一个里程碑，以此作为新的起点，我校又开始新的征程，经过四年艰苦卓绝的努力，我校在办学质量和办学效益等各个方面又取得了新的更为耀眼的佳绩。

一、四年来的主要成绩

（一）办学思想进一步端正

四年来，我校继续坚持以中国特色社会主义理论和"三个代表"重要思想为指导，坚决贯彻执行党和国家的教育方针，深入学习贯彻《教育法》、《民办教育促进法》及其实施条例等有关教育的政策法规、文件，认真学习、深刻领会等级学校评估方案和汕头市一级学校评估组对我校检查评估的反馈、指导意见，认真贯彻执行省市区教育行政部门的有关指示精神，严格遵循教育教学规律、学生身心发展规律和市场经济规律，充分发挥民办学校的体制优势，采取更加优化的办学策略和更为有力的强校举措，全面落实科学发展观，全面实施素质教育，坚持"环境美、校风好、质量高、有特色"的办学目标和"造就基础好、素质高、有个性、有特长，能适应社会、适应新世纪激烈竞争的成功人士"的培养目标以及"巩固成果、深化改革、提高质量、持续发展"的工作思路，大力推进教育创新，围绕规范管理、提高质量、创造特色、优化服务、确保安全、打造品牌等方面积极开展工作，坚持走内涵发展道路，坚决不做有损教育同行和扰乱教育市场的任何事情，坚决杜绝违背教育规律和违反市场规则的任何举动。遵循规律，尊重规则，严谨务实，真抓实干，终于使我们中英文学校成为莘莘学子快乐成长的精神家园，也使"中英文"成为潮汕大地一个响亮的教育品牌。

（二）办学条件进一步完善

为了促使我校办学水平再次跃上新的台阶，在市一级学校挂牌以后，我校就进一步加大了资金投入的力度，使学校的办学条件得到了进一步完善。四年来，我校扩建校园面积近 100 亩，新建教学楼、师生宿舍等 2.1 万㎡。目前，校园占地面积达 250 亩，校舍总建筑面积达 8.7 万㎡。校园生均占地 36.56 ㎡、校舍生均建筑面积 20.3 ㎡，均超过市一级学校标准。我们还不断完善教育的设施设备，按国家规定和市一级学校标准配置教学仪器设备、体育卫生和艺术教学器材、图书,同时加强现代教育技术设施设备建设。近四年来,新建了校园广播网、计算机多媒体演播厅、建立了部门之间网络办公,初步实现了无纸化办公,高中所有教室全部配备计算机多媒体教学平台等,提高了学校办公、教学的效率。

(三)内部管理进一步强化

四年来,我校坚持走内涵发展的道路,内部管理得到了进一步强化。

我校实行董事会领导下的校长负责制。学校举办人(董事长)与校长职责明确,决策权与执行权分离,校长全面负责学校管理工作和贯彻落实董事会的决策。学校举办人和董事会对校长的工作给予了鼎力支持。

我校组建了一个严谨务实、团结协作、勤政廉政的坚强领导班子,成立了最高决策机构——校务委员会,对全校的教育教学、行政工作、后勤服务等实施一体化领导与管理。学校分为中学部、小学部、幼儿园、后勤部、办公室等五个部分,推行"分部管理、层级负责"制,各部在校务委员会统一领导下相对独立,分别有一个健全的领导班子和管理机构,一级管理一级,一级对一级负责,使学校管理工作上下畅通,落到实处。各学部又分别建立了"以学部行政班子管理为核心、以处室管理为主体、以班级管理为基础"的三级管理体制。

为加强学校管理的决策民主化,学校建立了教职工代表大会制度,赋予教职工参政议政权以及重大决定审议权。同时,建立学校基层工会组织,作为教职工代表大会闭会期间的常设工作机构,参与学校民主管理。

在用人机制上,我校充分发挥民办学校的体制优势,完善聘用和分配制度,建立以全员聘任制和结构工资制为主要内容的竞争机制。在人员聘用上,学校实行面向社会、全员聘任、双向选择、公平竞争、优胜劣汰的用人制度。面向全国招聘优秀教师,严格把好教师入口关,坚持按审查资料、考试、面试、试教、试用等程序,对应聘者的学历、资力、师德、工作表现、教育教学实际能力等方面进行全面、认真的考核,择优聘用,从而确保了教师的质量。在分配制度上,贯彻多劳多得、优质优酬的分配原则,建立了师德规范为导向的约束机制,精神奖励和物质奖励相结合的激励机制,有效地调动了全体教职员工的工作积极性和创造性。

在管理模式上,推行"三全管理"模式,即:全员管理、全程管理、全面管理;建立了"以目标计划为导向,以过程管理为核心,以考核评价为保障"的现代管理机制。既重视质量目标管理，又重视工作过程管理。同时根据工作目标要求，制订了各类人员考核评价方案，针对不同岗位，采取了不同的考核标准，并突出师德表现、工作能力、管理水平、教育教学质量等重点考核指标，使考核评价工作更具有针对性。同时，注意考核评价的导向性，使考核评价既有利于调动全体教职员工的积极性，又能充分发挥其创造性；既有利于促进学生素质的和谐发展，又能促进教师自身专业化发展和学校的健康发展；既鼓励竞争，更关注协作。在进行各类人员学期业绩考核评价时，采取了述职、自评、组评、生评和领导评价相结合的办法，使考核评价更客观、民主、公正。考核结果与报酬相挂钩，做到多劳多得、优质多得，有效地调动了广大教职员工的积极性，激励大家多干工作、干好工作，形成了既合作又竞争的局面。

在管理机制上，一是坚持人本管理。努力关注、关心、尊重每一位教师的工作、生活与发展、成长，为每一位教师营造自身发展的空间，搭建施展才华的舞台，充分相信教师的潜能，激发广大教师教书育人的积极性。在管理工作中，坚持在政治上引导人，在思想上教育人，在业务上锤炼人，在体制上激活人，在生活上关心人，使学校真正做到事业留人、感情留人、待遇留人，将教师的发展与学生的发展、学校的发展紧密地联系在一起。二是深化文化管理。一方面用先进的思想、科学的规划武装教师思想，指导教师工作。我校构建了先进的办学思想、管理思想，科学规划了学校办学目标、管理目标，完善了校训、校风、政风、教风、学风、校歌等。另一方面努力营造体现知识性、艺术性、趣味性的校园文化氛围。充分利用学校宣传窗、宣传标语、教室后面的黑板，雏鹰报、校园广播站、学校网站等定期宣传班级好人好事，趣闻轶事等方式创造浓郁的文化氛围。本学期学校将建校初布置的标语、宣传画全部更换成具有现代气息、学生气息的新内容，丰富了校园文化的内涵；各学部、各班级也开展了创建特色学部文化、特色班级文化活动；通过全方位、多角度学校文化提升活动，努力营造和谐、健康、文明、向上的育人环境。

在管理措施上，完善并严格执行管理的"十项制度"。一是坚持干部巡查制；二是坚持干部蹲点制；三是实行跟踪调查制；四是考核和限期整改制；五是四小时回复制；六是责任追究制；七是评议制；八是培训制；九是一票否决制；十是检查日志制。通过十项制度的实施，确保了政令畅通，确保了管理的优质和高效。

规章制度是学校管理的"法规"，是学校管理的依据，也是广大师生员工自我规范的依据,是推动学校持续健康发展的保障。几年来,我校非常重视制度建设,学校组织力量,在广泛征求意见的基础上,对原有的规章制度根据新要求进行修订,汇编成册,颁发施行。其中特别加强了落实执行和检查监督的力度,真正做到用制度管人管事,按规范有序办事,形成有利于加快发展、促进和谐的机制,使学校管理和各项工作做到制度化、规范化、民主化、科学化,使教职员工岗位职责真正落到实处。

（四）办学规模进一步扩大

为了满足越来越多的潮汕学子就读我校的强烈愿望,为了落实广东省普及义务教育和大力发展高中教育的有关指示精神,我校积极创造条件努力扩大办学规模。四年来,我校学生人数逐年增加,目前,我校中小学共有85个教学班,在校中小学生4143人（小学32个教学班共1413人,初中35个教学班共1786人,高中18个教学班共953人）,与2004-2005学年度学生人数3081人相比增加了1062人,学生增长速度和在校生总量均位居全市民办学校前列。

（五）教师队伍进一步优化

四年来,我校继续发挥民办学校的体制优势,不断优化教师队伍,取得了卓越的成效。

一是面向全国招聘优秀教师。学校每年从全国各地通过资料筛选、考试、面试、试讲、试用等程序招聘一批优秀教师,同时对不合格教师进行淘汰,大大优化了教师队伍。目前,全校教职员工527人,其中专任教师289人,学历达标率100%。高中部专任教师72人中,有研究生学历2人、本科学历70人,中学高级教师30人、中学一级教师42人;初中部专任教师119人中,本科学历115人、大专学历4人,中学高级教师19人、中学一级教师78人、中学二级教师22人;小学部专任教师98人中,有本科学历42人、大专学历53人,小学高级教师53人、小学一级教师30人。学校已拥有一批国家、省、市级骨干教师、优秀学科带头人。他们虽然来自全国10多个省、市、自治区,但都能以校为家,牢固树立敬业爱岗、乐于奉献的高尚师德,关爱学生,团结协作,勤奋执教,具有强烈的责任感、事业心,全心全意投入到教育教学工作中,用心灵为学生导航,用汗水为学生扬帆,用责任为学生铺路。

二是加强对教师的培养培训。学校通过每周发放学习资料、每周开展教育论坛、每周开展教研活动、每月开展讲座、每学期组织教师外出学习等方式加强教师培训,努力建设一支师德高尚、业务精湛、学科配套、结构合理、充满活力、相对稳定的师资队伍,师资队伍的整体素质得到进一步提高。

三是不断提高教师待遇。教师的工资远远高于当地的公办教师的工资水平,并且每年教师工资都有不同程度的提高;为教师免费提供公寓式成套住房,教师在学校食堂开膳免收伙食费,为教师办理社会保险,学校优惠帮助解决教师子女入学问题,等等。同时学校非常关心教师生活,为教师排忧解难,教职工一般性疾病可在学校医务室免费治疗,教职工生病住院学校解决大部分住院费用;创造条件解决教师家属工作问题,让教师没有后顾之忧,从而全心投入工作。

四年来,我校教师继续发扬敢为人先,永争一流的精神,全身心投入教育教学工作,教师中无人从事有偿家教。努力的付出获得了丰硕的回报。四年来,获县级以上(含国家、省、市、区四级)奖励及荣誉称号达203项。其中,荣誉称号53项、教学等各类竞赛获奖42项(不含论文作品获奖)、论文作品获奖39项、论文作品在各级报刊发表72项。

四年来,我校始终坚持以事业留人、待遇留人、感情留人,有效地稳定了教师队伍,教师年流动率均保持在5%左右,既避免了个别公办学校一潭死水的现象,又克服了一般民办学校教师不稳定的现象,为教育教学工作的顺利开展提供了有力的保障。

(六)德育工作进一步加强

我校始终将德育放在各项工作的首位,牢固树立"成才先成人"的理念,不断丰富德育工作内涵、创新德育工作模式,提高了德育工作的针对性、实效性、主动性和创造性,取得了良好的效果。

一是德育工作科学化。构建了"三全"的德育工作体系,即"全员育人,全程育人,全方位育人"的育人体系。充分发挥学校德育工作领导小组的领导作用,德育处的指导作用,班主任的主力军作用,全校教职员工的主动作用,家庭、社会对学校教育的补充支持作用,形成强大的教育合力。同时根据寄宿制学校的特点,把德育工作延伸到学生宿舍,强化生活管理的德育工作,充分发挥生活老师在德育工作中的作用。生活老师与学生生活在一起,与学生交朋友,谈心,交流思想,及时发现问题,及时教育疏导,做好学生的思想工作。在德育工作中,重视学生的主体参与,加强了共青团、少先队、学生会组织的建设,建立了学生自我管理机制,通过学生自我管理、自主活动,培养学生的主人翁意识、责任感,锻炼自理能力。重视三结合教育工作,学校成立家长委员会,建立健全家长委员会工作和活动制度;建立了学校与消防、公安、戒毒所等社会机构的日常教育机制,让学生接受生动、现实的教育,使学校教育与家庭教育、社会教育有机结合,形成合力。

二是德育内容系列化。根据中央、国务院、教育部关于学校德育教育的精神,认真分析我校实际,科学制定了各学段以及各年级德育目标和各月份教育主题,不断扩大和深化教育内容,并形成系列化。近几年来,我校围绕创建"快乐生活、主动发展"特色校园这个主题,科学构建了体现时代性和校本性的以养成、爱心、感恩、生活等教育为特色的八大教育体系,即以"五大行为习惯"(学习习惯、生活习惯、文明礼仪习惯、劳动习惯、卫生习惯)为主的习惯养成教育;以"快乐生活"为中心开展理财、持家和惜生、求生、救生等为主题的生活教育;以"民族精神、民族文化、公民责任"等为切入点的爱国教育;以"感恩、责任、孝心"为中心的爱心教育;以"争做遵纪守法小公民、守法标兵"为中心的法纪教育;以"全人格、全身心、全脑协调发展"为中心的心理健康教育;以"六情"(国、省、市、区、社、校情)教育为中心的社会实践教育;以"了解大自然、了解高科技"为中心的科技教育。将八大教育与学校常规德育工作有机结合起来,与未成年人思想道德建设结合起来,与中小学生日常行为规范结合起来,与学生心理健康成长结合起来,与创建文明校园、文明班级、文明宿舍、文明学生结合起来,与师德建设结合起来,全面推进学校德育工作,取得了较好的效果,特别是具有我校特色的养成教育、生活教育、感恩及孝心教育已赢得家长、社会的广泛赞誉。

加强心理咨询室建设,充分发挥其对学生进行心理健康教育的作用。注重研究学生的思想状况和心理特点,有针对性地进行心理健康教育。通过专题报告、个别谈心疏导、热线电话等方式,培养学生健康的心理和健全的人格。对个别有较重心理障碍的学生,建立档案,采取有效的方法方式进行心理疏导,时时跟踪教育,避免这类学生发生意外。

三是德育途径多样化。学校把德育有机渗透到各科教学和各项活动中,贯穿于教育教学全过程。坚持每周升国旗制度,认真做好国旗下的讲话和国旗下的宣誓;充分发挥三会:晨会、息会、主题班队会,三课:思品课、团课、专题讲座课,四赛:知识竞赛、趣味比赛、对抗赛、技能比赛,四评:每日评比、每月评比、每课评比、每项评比,七节:读书节、艺术节、体育节、电影节、实践节、科技节的教育作用;认真抓好宣传栏、雏鹰月报、校园广播、校园文学社工作，让文明风吹遍校园；积极开展公益劳动和创建"文明班级"等活动；坚持开展每月的敬老活动，每两周组织学生到敬老院看望老人，为老人做力所能及的事，起到了很好的教育作用；坚持开展师生同乐活动，每一次活动都要求教师与学生同时参加，让学生从活动中感受到老师的亲切、随和，从而增进师生友谊，融洽师生关系。通过以上德育教育形式，寓教于乐，寓教育于生活，取得了良好的教育效果。

德育工作的进一步强化有力地促进了我校各项工作的开展，四年来，我校没有发生任何一起严重的违纪事件，校风、学风都赢得了学生、家长和社会各界的交口称赞。

（七）教学工作进一步优化

我校始终把教育教学质量视为学校生存与发展的生命线，确立了教育教学工作的中心地位，锐意创新、不断改革、尝试新的教学手段和方法，扎扎实实地抓教育教学质量。

一是领导重视。学校董事会成立了以校长为组长的质量建设领导小组，全面系统地指导学校的质量建设；建立了系统的质量管理制度，全程监管、全程考核，确保质量措施的全面实施，确保质量的全面提高。

二是重视学习，更新教学观念。学校高度重视教师的学习培训工作，每周发放学习资料，每周4次教研活动，每月一次观摩专题讲座，每学期组织一次教师外出学习，同时要求每位教师每学期至少写5000字以上的学习笔记；各学部及各学科教研组、备课组都认真组织教师深入学习、研讨现代教育教学理论和新课程标准。通过多渠道、多形式的学习、培训活动，教师的教学观念有了很大的转变，进一步树立了正确的人才观、教学观、质量观，为全面开展素质教育，实施新课程改革打下了良好的基础。

三是强化教学常规管理。中小学各部都认真贯彻落实《教学常规》《教师工作常规》。一是学校和学部领导、教导主任、教研组长都坚持深入教学第一线检查指导工作，认真抓好备、教、辅、改、考等教学每个环节，对教学过程各个环节实施有效监控，加强了过程管理；二是定时检查与抽查相结合。每天进行推门听课同时进行备课、作业的抽查，每月进行全面教学检查，学期结束前，又对全体教师的教育教学工作进行了全面检查；三是坚持备课组集体备课工作制，每周有一下午为集体备课时间。四是严格考核,学校把执行教学常规情况作为教师考核的重要指标,有效地促进了教学质量的提高。认真执行《中小学听评课制度》,在听课中检查、指导,及时发现问题、解决问题。教师之间也经常相互听课,通过听评课互相学习,互相促进,共同提高。

四是积极开展教学改革,促进教学质量的提高。根据《基础教育课程改革纲要》和省教育部门的统一要求,高中、初中、小学全面实施新课程标准,学校高度重视,精心组织,认真制订实施方案,积极稳妥地推进课程改革,取得了良好的成效。

把"改革教学方法、创新教学模式"作为教学改革的重点和提高教学质量的根本途径,狠抓课堂教学改革,以教师教学方法的转变带动学生学习方法的转变。学校大力倡导改进教学方法。具体做法是:①大力倡导"自主学习",深入推广"自主创新学习""自主合作探索学习""任务式教学""体验式教学"等教学模式;②合理组织教学内容,强化知识点落实的梯度;③注重学法指导和教学反馈信息的及时处理,启发学生自主探索,独立创新。

教师在教学设计中更加重视从知识与技能、过程与方法、情感态度与价值观等多方面设计教学目标;更加重视学生主体地位的落实;更加重视引导学生运用讨论、交流、合作、动手等学习方式进行学习,有效地培养了学生的学习能力、创新精神和实践能力。中小学部积极开展"改革教学方法、创新教学模式"课堂教学练兵活动,举行亮相课、公开课、观摩课、示范课以及讲座、教育论坛等活动,有效地促进了课堂教学改革。

强化培优补差。针对我校学生素质参差不齐的实际,为使每个学生学有所得,每个学生都有进步,学校要求每个教师认真贯彻因材施教的原则,在教学上实行"面向全体、分层教学、分类推进"的教学策略,同时加大"培优补差"力度,使学生人人在原有基础上有所进步,促进了教学质量的全面提高。

面向全体,分层教学,分类推进。具体措施是:①开展弱科辅导,推行了教师跟人辅导制度,着重抓好三个培优补差阵地,即:课堂主阵地、课余补充阵地、学习小组辅助阵地,从而避免了"优生吃不饱,差生消化不了"的现象,为学生的全面发展创造良好条件。②指导各类学生因材施学,特别注意指导学生养成良好的学习习惯,培养良好的学习方法,让每位学生都获得最好的发展;③开设丰富多彩的活动课程,组织学生参加相应的活动,做到因人而异,因势利导,促使他们都能在原有的基础上得到提高。

积极推进教学手段和方法的创新。全体教师充分发挥学校设施设备的作用，努力摒弃黑板加粉笔的传统做法，紧密结合学科特点，将光学、音响、声像等加以融合进行教学，各科各年级每学期运用计算机多媒体进行教学的课时数均在总课时数的40%以上，90%以上的教师能用计算机多媒体进行教学，50%以上的教师会熟练制作多媒体教学课件，从而使教学效率得到有效提高，素质教育得到更好落实。

五是加强教学研究，向科研要质量。

（1）健全了教学研究机构。学校建立了教学处、教研组、备课组三级教研机构，主要学科还配备了教研员具体负责教育教学研究工作。

（2）设立了校本科研课题。学校制定并颁布了"改革教学方法、创新教学模式"课题方案，确立了课题领导小组和实施细则。开展了以《课改与教学》《课改与班级管理》《课改与学校发展》《课改与高考》为主题的研究，取得了阶段性的效果；完成了市级科研课题《断电自感演示实验的改进》。

（3）积极开展"新教育实验"研究。"新教育实验"是朱永新教授"新教育"思想指导下开展的教育实践研究，旨在将教育的理想转化为教育的现实，最大限度的开发人的潜能，并且促进人的最优化发展。

（4）开发校本课程。除按国家和省规定的开设课程和教材外，学校还结合学校实际进行校本课程的开发与研究。为让学生对家乡有较深的了解，学校开设了潮汕风情课，同时还开设了语文阅读课、数学奥赛课、英语口语交际课等校本课程，已取得了初步成效。

（八）教育质量进一步提高

四年来，我校继续坚持全面贯彻教育方针，全面实施素质教育，全面发展学生的综合素养，努力打造以高考中考成绩为主要标志的学校核心竞争力，取得了骄人的实绩。

四年来，我校高考重本率、本科率、上线率继续稳居全市前列，各项主要指标均位于全市前五名以内，2005年、2006年连续两年夺得潮阳、潮南两区（原潮阳市）高考状元，四年来共有347人考入清华大学、上海交通大学、浙江大学、南京大学、北京外国语大学、北京航空航天大学、中山大学等各级各类重点大学，抒写了高中教育"低进高出"的华美篇章。

年份	参考人数	重点本科线		本科线以上		省线以上	
		人数	重本率	人数	本科率	人数	上线率
2005	235	63	26.8%	184	78.3%	231	98.3%
2006	248	105	42.3%	205	82.7%	234	94.4%
2007	369	105	28.5%	261	70.7%	340	91.2%
2008	286	74	25.9%	222	77.6	279	97.6%

四年来,我校中考成绩一直位居全市前列。4 年中,我校有初中毕业生 1685 人全部参加中考,共有 132 人达到金山中学录取线,532 人达到潮阳一中录取线。考上潮阳区公办重点高中(省一级学校)计划生录取分数线的有 1359 人,比例占毕业生总数的 80.65% 以上。

学 年	当年初一新生	初三毕业生数	中考升重高人数	升重高比例%
2004－2005	283	322	260	80.7
2005－2006	305	377	297	78.7
2006－2007	347	481	394	81.9
2007－2008	458	505	408	80.8

我校高度重视竞赛工作并且卓有成效,不仅在学校内部举办各种竞赛,而且组织学生参加各种校外竞赛。四年来,我校学生参加各级各类校外竞赛获奖 610 人次,学生作品在市级以上报刊发表的 31 件。我校连续三年获得新世纪星杯全国少儿文学及书法画大赛特等集体奖,连续两年获得团中央辅导员杂志社全国龙人杯书画大赛集体二等奖。

我校一贯重视体育卫生工作,举办各种各样的群体性体育活动,学生每天有 2 小时体育活动,每年举办一次校运动会和教工运动会,体育合格率、体锻达标率、体锻优秀率分别达 95%、96%、25% 以上。在 2006 年 12 月举行的潮阳区第三届中小学生田径运动会上,我校小学、初中、高中三支代表队分别夺得团体总分第一名、第二名、第八名。我们认真贯彻有关卫生工作法规文件,卫生工作制度和卫生监督制度健全,档案资料健全、规范,师生每年体检一次;学生近视眼新发病率低于 1%;认真做好健康教育工作,做到健康教育有计划,有检查,有落实。在大面积的非典、禽流感、手足口蹄疫等病情流行的时候,我校师生均未被传染。

四年来,我校学生获省、市、区各级奖励 57 人次,其中,获市、区两级"三好学生"、"优秀学生干部"、"优秀共青团员"、"优秀少先队员"等荣誉称号 36 人(市级 10 人、区级 26 人);我校少先队两次获潮阳区少先队红旗大队荣誉称号。

(九)校园文化进一步浓厚

我校高度重视校园文化建设工作,以此作为提升学校办学品位和综合实力的重要抓手,取得了积极的成效。

一是加强学校精神文化建设。开展以"快乐生活、主动发展"为中心特色校园创建活动,即开展创建"开心乐园、书香校园、创新学园、温馨家园"活动,活动开展五年来,收到了良好的效果,得到家长、社会各界的认可。

二是学校高度重视科技、体育和艺术教育工作,把它作为素质教育的重要内容来抓,充分发挥其在培育全面发展的高素质人才中的作用。利用本校师资和设施设备优势,切实加强科技、体育和艺术教育,形成了"活动门类比较齐全,活动内容和形式丰富多样,学生全员参与,人人都有特长"的特色。

根据学生的年龄特点和特长爱好,学校开展并落实了丰富多彩的活动课程,成立 52 个兴趣小组,开展丰富多彩的艺体活动,做到学生全员参与,活动中做到了内容、时间、指导人员"三落实";开展了中国象棋、中国武术特色教学活动,充分挖掘学生艺体潜能,培养学生特长。在活动课程设计中坚持贯彻因材施教、普及与提高相结合的原则,有效地拓展了学生的知识层面,启迪学生思维,开发学生潜能,培养学生的个性特长和创新能力。每年举行科技艺术节和体育运动会,为学生构筑一个展示多方面才能的大舞台,促进学生健康快乐的全面发展,促进科技艺体教育的深入开展。

三是强化学生写字、课外阅读。坚持每天晚上 15 分钟的写字训练。坚持开展读书活动,要求每一个学生带五本书来校,并且进行班级同学之间交换阅读;坚持开展每一周背诵一首诗活动;确保每周有一个课外活动为课外书阅读时间。

四年来,我校学生参加区以上各级举办的竞赛获奖竞赛获奖 615 项(国级 560 项、省级 36 项、市级 16 项、区级 13 项),参加区体育运动竞赛获奖 61 项。各类竞赛均呈现了获奖人数多、等级高的特点。

(十)示范作用进一步增强

充分利用我校师资力量雄厚,教学手段和方法先进,每年都举行教学开放周活动,推出各年级各学科优质公开课和特色课外活动,邀请各校老师来校观摩,互相学习、共同进步。

积极认真完成区教育局关于"等级学校要发挥优势,挂钩帮扶薄弱学校"的要求,我校挂钩帮扶了一所中学。主要是帮助该校做好中考备考工作,争取中考取得更好的成绩。我校认真按挂钩帮扶计划组织教师到我校听课、参加试卷分析会、研讨会等活动。

扶持帮助贫困和优秀学生上学,我校每年开支奖学助学金500多万元,支持帮助家庭经济困难和优秀学生到我校就学,使他们得到优质教育。

创办优质学位,减轻政府办学经费负担,我校在校中小学生4000多人,有效地缓解了当地学位紧缺、学生入学难的问题,有效地减轻了政府办学经费负担。由于办学质量高,为社会提供了优质学位,适应人民群众对优质教育的需求。

二、存在问题及努力方向

我校虽然取得一定的成绩,但由于办学时间较短,因此还存在许多不足。一是在办学条件方面,教育教学设施设备还须进一步充实完善,师资队伍建设、教育科研还须进一步加强;二是在学校管理方面还存在着不少薄弱环节,管理不落实、不细致、不到位现象还时有发生等。我们将着力抓好如下工作:一是以现代教育设施设备建设为重点,进一步完善办学条件;二是进一步加强师资队伍建设,加强教师培训的力度和深度,努力促使教师从"经验型"向"科研型"转变,并加速学科带头人和名师的培养进程;三是进一步加强教育科学研究,强化教科研意识,健全教育科研机构,规范教育科研的过程管理,努力提高教育科研的水平和质量,促使素质教育不断向纵深推进;四是进一步加强管理和学校特色建设,提高办学水平;五是创造条件向高一级学校(省一级学校)迈进。

我校的发展和所取得的成绩,得益于党和国家促进民办教育发展的好政策,得益于各级党政和教育部门的正确领导和大力支持,得益于社会各界和广大人民群众尤其是学生家长的信赖与支持,得益于全校师生员工的共同努力。我们将根据新形势的要求和汕头市民办学校督导评估标准,以及汕头市一级学校复评组提出的指导性意见,制订切实可行的整改计划并狠抓落实,进一步完善办学条件,努力提高学校管理水平和办学效益;坚持用以人为本、科学管理的管理理念,促进学校和谐、持续发展,进一步把学校做强、做大、做优,努力打造粤东一流名校,为教育事业的发展和培养高素质优秀人才做出更大的贡献。

我校对照《广东省汕头市民办高中等级评估方案(试行)》,自评总计 462.75 分,占分值的 92.55%,其中办学条件自评得分 131 分,占分值的 87.33%,学校管理自评得分 327 分,占分值的 93.4%,自评效益加分 4.75 分;我校对照《广东省民办小学督导评估方案(试行)》,自评总计 473.7 分,占分值的 94.7%,其中办学条件自评得分 130 分,占分值的 86.7%,学校管理自评得分 338 分,占分值的 96.57%,自评效益加分 5.7 分。

二〇〇八年十月十日

第三章

教学，贵在有"效"

1.以模式促有效

"高效课堂工程"实施方案

东莞市南开实验学校

根据《东莞市教育局关于推进中小学"高效课堂工程"建设的实施方案(2012—2015 年)》并结合我校办学实际,特制订本方案。

一、"高效课堂工程"实施的背景

1. 大背景:深化课程改革,打造"高效课堂"已经成为整个教育界的共识与共同行动,一个百花齐放万紫千红的课改局面正在形成,形势喜人。

2. 中背景:东莞于 2012 年正式实施"高效课堂工程",首批确定了 207 所学校作为东莞市中小学第一批实施"高效课堂工程"的实验学校(包括小学 128 所、初中 52 所、高中 27 所),各个实验学校都在紧锣密鼓地开展实验研究,形势逼人。

3. 小背景:我校小学部、初中部、高中部都是东莞市第一批"高效课堂工程"实验学校,但是,由于人事变动、体制变动等各方面原因,我校此项工作几乎处于休眠状态,而 2015 年就是东莞市"高效课堂工程"的"总结表彰阶段",形势催人。

二、"高效课堂工程"实施的目标

1. 出模式。我校参与市"高效课堂工程"的实验学科是小学语文、数学、英语和初中语文、思品以及高中语文、政治、历史、地理,实验项目是教学模式。因此,三个学部要领导和指导各相关学科努力开展实验研究,构建出具有较高水平的学科教学模式或学部教学模式,并最迟在 2015 年元旦之后提交学校课题工作组。

模式的构建可以分学科,每个学科一个教学模式;也可以分学部,每个学部构建一个适合于该学部所有学科的教学模式。

模式的构建可以借鉴国内课改名校的先进经验,也可以在我校现有的小学"先试后研"和中学"五有十性"基础上改进与完善,也可以由各个学部在实验研究基础上全新构建。

2014 年秋季学期各个学部要构建起教学模式的雏形,2015 年春季学期要有比较成熟的教学模式。

2. 出文章。要边学习、边实验、边总结、边提炼,要鼓励实验教师积极撰写文章在校级以上报刊发表,尤其是要鼓励实验教师向《东莞教学研究》杂志的"高效课堂"专栏和"东莞教研网"的"高效课堂"栏目投稿,每个学部每个学期在《东莞教学研究》和"东莞教研网"及其同档次报刊、媒体上发表的各类文章应不少于三篇,并力争经过较长时间的研究之后有专著出版。

3. 出名师。各个学部要精选具有较高的理论修养、较浓的实验兴趣、较好的业务能力和较强的钻研精神的教师组成实验团队,踏踏实实地开展实验工作。要把实验研究的工程作为教师专业发展的重要抓手,要尽力保障实验所需,尽力解决实验中遇到的各种困难,及时总结并推广实验中的各种有效的做法、体会、经验等。要为实验教师搭建大展身手的舞台,切实解决实验教师的各种后顾之忧。要及时宣传报道优秀实验教师的先进事迹,为优秀实验教师的学习、进修、研究、参观、实验、讲学以及著书立说等提供各种应有的支持,每个学部在全市产生较大的影响的实验教师力争有一至两名。

4. 出质量。要力争经过实实在在的实验研究之后实现四大质量的提升。一是要实现课堂教学模式的转型升级,由传统的"满堂灌"的死气沉沉的低效课堂转变为充满活力的生机勃勃的高效课堂;二是要实现教师教学观念和教学水平的不断提升,大力促进教师的专业成长,造就一批在市内外有一定影响的名师;三是要实现学生学习的"轻负高质",促进学生的健康成长,实现学生的全面发展、和谐发展、卓越发展。四是要确保各个学部的升学考试成绩、统考成绩等在原有基础上继续提高。

三、"高效课堂工程"实施的领导

1.学校成立"南开实验学校教科研工作领导小组",统一领导包括"高效课堂工程"在内的全校所有教科研工作,成员名单如下:

组　　长:崔青青

副组长:刘　罡、张　文

组　　员:周文蕾、张太平、李双萍、徐世鹏、张杰龙、刘建军

教科研工作领导小组的日常事务由学校教研处负责。

2.学校成立两个工作组,在"南开实验学校教科研工作领导小组"的领导下,分别督促和指导小学、中学各学部的"高效课堂工程"实施工作。

(1)南开实验学校"高效课堂工程"小学工作组名单

组　　长:崔青青

副组长:李双萍、刘建军

组　　员:参与市"高效课堂工程的"语文、数学、英语学科教研组长。

(2)南开实验学校"高效课堂工程"中学工作组名单

组　　长:张　文

副组长:周文蕾、张太平、徐世鹏、张杰龙

组　　员:参与市"高效课堂工程的"高中语文、政治、历史、地理和初中语文、思品学科教研组长。

四、"高效课堂工程"实施的保障

1.人力保障。各个学部要成立好各自的实验团队,确定主研人员、助研人员、管理人员、服务人员等并报小学或中学工作组组长备案,要在时间、课时、经费、待遇等方面为实验研究团队提供必需的保障。学校教科研工作领导小组和"高效课堂工程"小学工作组、中学工作组要积极主动地协调好有关部门的工作,为实验的

顺利开展提供优质的服务。

2. 物力保障。学校及各学部要在研究的场地、书籍、资料、物品、仪器及外出用车等方面提供必要的保障。

3. 智力保障。一是请进来。邀请有关专家、名师来我校做报告，每学期计划举办"南开大讲堂"系列高端讲座三至四场；并邀请专家、名师深入我校坐诊把脉实验工作，提炼、包装研究成果。二是送出去。选派实验教师外出学习、参观、考查，甚至到课改名校实地进行较长时间的研修，不断地为教师尤其是实验研究人员注入现代教育理论的源头活水。三是用好本校智力资源。通过各种研讨、沙龙、竞赛、论坛、讲座等活动，实现教师之间的思想碰撞和智慧共享。

4. 财力保障。一是要保障必要的研究经费。二是要保证充足的奖励资金，2014年秋季学期从总校的"贡献奖"奖金中提取部分资金用于科研奖励，今后每个学期在总校的专项预算中单列科研经费。对于在实验研究中取得各种成绩的教师和各种实验研究成果（包括发表文章等）均予以奖励，具体奖励办法参照2012年2月24日印发的《东莞市南开实验学校教科研奖励方案（修订）》执行。

此办法自公布之日起实施。

东莞市南开实验学校

2014 年 11 月 21 日

"五有十性"高效课堂评价表

东莞市南开实验学校

时间：＿＿＿＿年＿＿＿＿月＿＿＿＿日（星期＿＿＿＿第＿＿＿＿节）

班级：＿＿＿＿届＿＿＿＿班

教师：＿＿＿＿

课题：＿＿＿＿

课型：＿＿＿＿

总体要求	具体要求	基本描述
五有	脑中有考纲	熟悉所教知识点在考纲中的要求及考查的情况
	心中有教材	对所教知识点把握准确，胸有成竹，游刃有余
	眼中有学生	尊重学生，了解学生，以人为本，因材施教
	耳中有信息	将各种相关信息整合成为必要的有价值的教学资源
	手中有绝活	具有比较独特的且产生了很好效果的方式方法
十性	预设性	目标明确，设计合理，有教案、学案（或预学案）等
	生成性	能巧妙处理课堂生成的有关问题并转化为教学资源
	自主性	引导并组织学生自主预习、自主学习，教师不越俎代庖
	合作性	师生之间、生生之间有效合作，避免教师"一言堂"
	探究性	引导学生主动质疑、实验、探究，避免照本宣科
	基础性	注重基础知识和基本技能，绝不好高骛远
	启发性	注重点拨、引导、启发，杜绝"满堂灌"，摒弃"填鸭式"
	生动性	追求生动活泼，风趣幽默，避免死气沉沉
	特色性	体现该年级、学科、课型的特点，具有鲜明的特色与个性
	实效性	课堂有显著效果，学生有明显收获
总体评价	总分100分，给分：	

评课人：_____

说明：

1. "五有十性"是我校对高中部和初中部各个年级、各个学科、各种课型课堂教学提出的基本的共性的要求，希望每个教师认真领会、落实，并力争在此基础上形成自己独特的教学个性。

2. 本表供各种公开课使用，听课教师评价，学部掌握、反馈。

3. 总体评价以分数表示，总分100分，给分可保留小数点后一位数。

中学政史"333 立体高效"教学模式

东莞市南开实验学校

（为高中、初中政治和历史构建的课堂教学模式）

一、模式名称

"333 立体高效"课堂模式，简称"333 模式"。

二、适用范围

高中政治、初中政治等学科的新授课。

三、内涵解读

"333 模式"指的是：过程三化——知识要点化、要点习题化、习题素养化；内容三界——书本世界、生活世界、精神世界；方法三 W——是什么、为什么、怎么样。以"过程三化"为教学流程的经线，以"内容三界"和"方法三 W"作为教学流程的纬线，经纬交织，立体展开，故名"333 立体高效"课堂模式，简称"333 模式"。

图示如下：

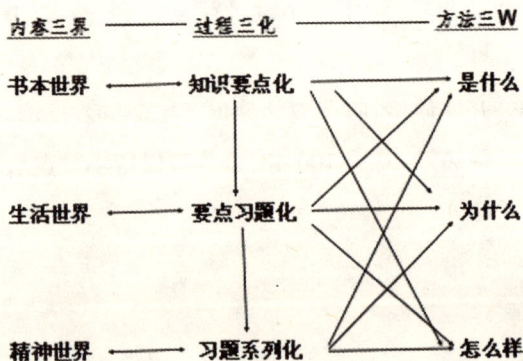

四、操作办法

（一）过程三化

1. 知识要点化：教师通过 PPT 等展示本节课的学习目标、高考或中考考点，引导学生根据教师的提示自主提炼知识要点，可以由学生自行提炼，也可以讨论提炼，使提炼要点的过程变成学生自主研读的过程，而不是如传统课堂上只是被动地听老师讲解。整个过程大约用时 20 分钟，其中 15 分钟提炼要点，5 分钟用于交流展示、教师评点。

2. 要点习题化：提炼要点之后，迅速进行习题训练。可以印发训练题，也可以用 PPT 出示训练题，也可以让学生自行命题。训练的环节用时约 15 分钟。

3. 习题素养化：最后用大约 5 分钟检查习题完成情况，并纠正存在的问题，力求让做题的过程成为学生对于知识的内化过程和自身素养的提升过程。

（二）内容三界

"内容三界"指的是"书本世界、生活世界、精神世界"，是对传统教学只局限于书本世界的一种超越，分别对应于"知识要点化、要点习题化、习题素养化"，但又不是简单地对应，而是立体地对应。即"知识要点化"的环节要"立足书本世界、放眼生活世界、关注精神世界"，"要点习题化"的环节要"立足生活世界、回归书本世界、检视精神世界"，而"习题素养化"的环节是"内化书本世界、解释生活世界、提升精神世界"。

（三）方法三 W

"方法三 W"即"是什么、为什么、怎么样"，分别立体对应"过程三化"和"内容三界"，即无论在"知识要点化、要点习题化、习题素养化"的哪一个环节，也无论是在"书本世界、生活世界、精神世界"的哪一个方面，都分别按照"是什么，为什么，怎么样"的思路予以展开和推进。

五、实验目标

1. 全面提高学生的自主学习能力。

2. 全面提高学习效率，不留课外作业，实现堂堂清。

3. 全面提高学习成绩。

"教学模式研讨课"实施方案

东莞市南开实验学校

一、目的

1.完善：通过研讨课的开展，进一步完善我校各个实验学科已经构建的教学模式。

2.完成：通过对教学模式的完善，全面完成我校承担的市"高效课堂工程"第一周期实验任务。

3.完美：通过第一周期实验任务的全面完成，使教学行为更加规范，教学过程更加完美，教学效果更加显著。

二、时间

2015 年春季学期。

三、学科

我校三个学部承担的市"高效课堂工程"实验任务的所有九个学科。

四、具体安排

周次	科目	地点	听评课人员
第二周	高中语文	实验楼 306 室	高中部全体语文教师，初中、小学语文教研组长、备课组长，有关行政及其他自愿听课的教师
第二周	高中政治	实验楼 306 室	高中部、初中部全体政治教师（两个学部使用的同一个模式），有关行政及其他自愿听课的教师
第三周	初中思品	实验楼 206 室	高中部、初中部全体政治教师，有关行政及其他自愿听课的教师

周次	科目	地点	听评课人员
第四周	小学语文	知行堂	小学部全体语文教师,高中、初中语文教研组长、备考组长,有关行政及其他自愿听课的教师
第五周	高中历史	实验楼306室	高中部全体历史教师,初中历史备考组长,有关行政及其他自愿听课的教师
第五周	高中地理	实验楼306室	高中部全体地理教师,初中地理备考组长,有关行政及其他自愿听课的教师
第六周	小学数学	知行堂	小学部全体数学教师,高中、初中数学教研组长、备考组长,有关行政及其他自愿听课的教师
第七周	初中语文	实验楼206	初中部全体语文教师,高中、小学语文教研组长、备考(备课)组长,有关行政及其他自愿听课的教师
第八周	小学英语	知行堂	小学部全体英语教师,高中、初中英语教研组长、备考组长,有关行政及其他自愿听课的教师

五、说明与要求

1. 九个实验学科中,高中政治、历史、地理各安排一节(因为教师人数少),其他所有学科均安排两节连堂且必须是同一个课题。

2. 为了便于计划与安排,将高中语文安排在周三上午第二三节,其他所有学科一律安排在周二上午第二节开始,具体授课节次、教师等由学部安排。

3. 本方案在征求意见并最终确定之后,每个学部务必纳入学部教学工作计划和学科教研计划中严格实施,并在学部的周工作安排中予以确保。

4. 模式研讨课所在的学部为主办学部,主办学部的教学主任为研讨课的负责人和研讨会的主持人。

5. 所有模式研讨课均按照以下三个环节进行操作:

(1)准备环节:主讲教师需将教学课题、主讲人、上课班级及教学模式的基本流程、设计目的、预期目标等形成文字在上课之前发给听课教师,主办学部教学处将《南开实验学校"模式研讨课"听评课表》(附后)在上课之前发给听课教师。

(2)上课环节:主讲教师按照该学科构建的教学模式的流程实施课堂教学。

(3)研讨环节:主讲教师讲解模式流程、目的、目标及其效果自评——听课人员评议——教研组长小结(如果教研组长是主讲教师,就由教学主任小结)。

6. 每个学科的"模式研讨课"结束之后,由主办学部教学处收齐所有听课教师填写的《南开实验学校"模式研讨课"听评课表》并进行必要的反馈和汇总，督促各实验学科完成总结一份交总校"高效课堂工程"领导小组，总结内容包括模式研讨课的开展情况、教学模式、预期目标、达成效果、完善措施、推广意见等。

7. 每个学部都要在总校的"模式研讨课"的基础上大力推进教学模式研讨及其宣传工作，力争总结提炼出具有较高推广价值的教学模式，并形成文字在市级以上报刊发表，至少在学期结束之前每个学部要向校刊提交具有较高水平的文章一篇。

附录：南开实验学校"模式研讨课"听评课表

南开实验学校"模式研讨课"听评课表

主讲教师：	上课班级：	时间：	课题：	课型：
模式名称：				
主要流程：				
整体评价：				
改进建议：				

填表人：

"同题检测课"实施办法

东莞市南开实验学校高中部

一、为了进一步探索"高效课堂"的有效途径，大力促进高中部题库建设并充分发挥题库的作用和功能，实现教学工作从"多讲多练"向"精讲快练"的转型升级，从

2014 年春季学期开始,将原来业已成熟的校本特色公开课"同题课"升级为"同题检测课"。

二、所谓"同题检测课"包含两层含义:一是教学内容同题,也就是教学相同的内容;二是检测内容同题,也就是用相同的试题检测。

三、"同题检测课"从 2014 年春季开始先在基础年级的部分学科开展,每个年级每个学科安排两个教师任课。

四、"同题检测课"实施程序及要求:

1. 由学部统一在校历上安排每个年级、每个学科的"同题检测课"的上课周次。

2. 由各科教研组长会同有关备考组长在学期开始就确定担任"同题检测课"教学任务的教师、课题等并报教学处。课题确定之后,由教研组长负责从高中部题库中组选检测题保密备用。

3. 教学处安排具体的上课时间并在上一周周末前印发。同一年级同一学科的两堂课连续安排。

4. 教研组长组织上课,教学处负责督促检查。上课地点一律安排在高中部赛课室,原则上同一学科所有教师必须参加听课、评课和检测工作。同一年级同一学科第二位担任"同题检测课"的教师不参加第一位教师的听课。高三教师"一模"之后不参加高一高二的公开课活动。

5. "同题检测课"的讲课时间必须控制在 30 分钟左右,相应的检测时间控制在 10 分钟左右,上课和检测的总用时不得超过 40 分钟。

6. 由教研组长负责检测。试题一律从高中部题库中抽取,题型以选择题、填空题为主,内容必须体现同步性,试题要适当多准备些,并做成答案与试题分开的 PPT,课前加密拷贝在赛课室的电脑里,待讲课时间到就由教研组长上台对学生进行检测。(如果教研组长是授课人,就由教研组长安排备考组长或其他教师负责检测系列工作)。

7. 非"同题检测课"的课型参照上述办法执行。

评卷课应该怎么上

（发表于《汕头教育信息网》）

评卷课，顾名思义就是指对试卷进行讲评的课，在高三和初三，这种课型尤其常见，因此，弄清评卷课的教学方法十分必要。

要上好评卷课，首先必须明确评卷课的特点，而要明确评卷课的特点，只要将评卷课与新授课做一区别就可以了：如果说新授课是以课本上的知识作为主要的教学资源，那么评卷课就应该以学生在答卷中反映出来的问题作为主要的教学资源。换言之，如果说新授课是老师带着知识走向学生，那么评卷课就应该是老师带着答卷中暴露出来的问题走向学生。再换言之，如果说新授课是"以本为本"，那么评卷课就应该是"以人为本"。这就是二者最主要的区别。

有的老师不明白这一点，因此在上评卷课的时候总是出现这样或那样的问题，主要表现在：其一，就题讲题，"目中无人"，严重的知识本位；其二，没有取舍，不分详略，眉毛胡子一把抓；其三，没有把学生暴露出来的问题作为教学资源，更没有彻底解决学生存在的问题，导致讲评的成效大打折扣。

上好评卷课必须具备一个前提，遵循四项原则。一个前提就是对答卷的仔细深入的研究与准确全面的把握。评卷课，评的是卷，既然如此，就应该将学生在答卷中反映的情况搞得一清二楚，主要包括两个层面的情况。一是整体情况。二是个别问题。也就是说既要把握学生在做该套试卷中反映出来的总的情势，包括平均分有多少，得分率有多少，优秀率有多少，反映出来的共同的问题有哪些？同时还要搞清楚每道试题的得分情况，弄清楚哪些题目得分率最高，哪些题目得分率最低，以及造成这些情况的原因。不仅如此，还要就每个学生的答卷情况进行分析，特别是对每个学生错误的原因进行分析。

充分掌握答卷情况是上好评卷课的必要前提，而要真正上好评卷课，还必须遵循四项基本原则。一是选择性原则，也就是说，评讲试卷上的试题一定要有选择，哪些需要讲，哪些不需要讲，哪些需要详讲，哪些只需要略讲，老师心中要清清楚楚,没有必要也绝不应该不加选择地,不加取舍地,不分详略地对每道试题平均用力。二是针对性原则。就是针对学生答卷中暴露出来的问题进行讲解,将这些问题作为老师的教学资源,而不是单纯地从知识本身的角度进行复述,更不能一味地责怪学生为什么出错,而要真正地落实好针对性讲评,老师就必须弄清学生产生问题的原因所在,究竟是知识性的问题还是技巧性的问题,是能力的问题还是心理的问题,是教的问题还是学的问题,是偶然的问题还是必然的问题,是个别的问题还是普遍的问题,是学生的问题还是试题本身的问题,这许多问题是老师在阅卷之前根本想象不到的,是老师在备课的时候所预见不到的,完全可能是学生在答卷过程中生成的新的问题,老师千万别把这些问题当成"异端邪说",而要善于分析这些问题产生的原因并对症下药,同时还应该从这些问题中反思自己以前教学中的问题并为今后教学的改进获取灵感。三是拓展性原则。讲评试卷不能仅仅满足于一道题目或一张试卷的答案,还应该在此基础上进行拓展,向课内拓展,向课外拓展,向同类拓展,向异类拓展,向广度拓展,向深度拓展。通过拓展性的讲评让学生知其然并知其所以然,通过拓展性的讲评让学生能够实现举一反三,触类旁通。四是相似性原则,就是在学生弄清试题答案的基础上再进行相似性的题目训练,比如改变原题目的数据,改变原题目的情景。但是要考查的核心的东西并没有改变,然后让学生再做,看看学生对于解题的方法技巧是不是真正已经掌握了,是不是真正能够运用了,常言道"伤其十指不如断其一指",相似性训练正是"断其一指"的最有效的办法,特别是对于那些经典题、常考题、常错题,进行相似性训练尤为必要。如果通过相似性训练之后,学生真正掌握了隐含在试题当中的基本的解题方法,那么无论试题的外在呈现形式如何变化,学生都能够应付自如了。

首届"英语节"的回顾与英语教学的思路

(为汕头市教务主任培训班提供的经验交流材料)

凸显办学的英语特色,提高学生的英语素养,这一直是潮阳新世界中英文学校的执著追求。为此,学校大胆地创造性地开展了一系列工作,特别是 2002 年 10 月成功举办的第一届"英语节"更是将这一执着的追求化为积极的行动,在创办英语特色学校的征途上迈开了坚实的步伐,谱写了辉煌的篇章。

首届英语节历时三周,经过全体老师和同学的共同努力,成功地举办了十大英语活动。一是举办了由全体英语教师参加的"英语教学论坛"。在这次论坛上,所有英语教师都撰写并提交了一份具有较高水平的文章,或者认真总结英语教学经验,或者精心选介英语教学流派,或者大胆质疑英语教学弊端,或者勇敢探索英语教学捷径,思考的范围之宽,思考的力度之大,均为建校以来所罕见;在"英语教学论坛"上,老师们畅所欲言,各抒己见,互相学习,互相启发,为进一步提高英语教学水平献计献策,为加速推进英语教学改革步伐呐喊助威,表现了全体英语教师良好的精神风貌,展现了全体英语教师宝贵的敬业精神。更让我们欣喜地看到,一支更加优秀的英语教师队伍正在茁壮成长。二是举办了盛况空前的"英语广场"。举办"英语广场"是我校在英语特色建设中的一大创举,自上学期开办以来,深受全体同学特别是英语爱好者的欢迎。本届英语节"英语广场",参加的人数之众多,组织的形式之灵活,都远远超过了历届,"英语广场"的宏大场面特别是全校同学的参与热情让我们深刻地感受到我校全体同学对英语活动的执着与热爱,让我们欣慰地感受到我校全体同学对提高英语学习成绩和英语应用水平的愿望之强烈,让我们进一步坚信,新世界中英文学校的英语成绩一定能获得更大的提高! 三是开办了"双语广播"。在去年"新星广播站"的基础上,我校成立了"新世界双语广播站",用英语和汉语两种语言播送新闻、讲述故事、欣赏英语歌曲,在广播站全体老师和同学的共同努力下,"双语广播站"已经成为我校一道亮丽的风景。四是建设"双语校园"。为了使我校形成更加浓厚的英语氛围,我们开展了创建"双语校园"活动,不断优化英语学习环境,提倡和鼓励全体师生用英语进行交际。为此,我们精心选编并印发了《校园英语200句》,组织英语教师对非英语教师进行培训,在全校进一步掀起了人人学英语、个个说英语、时时讲英语、处处用英语的新高潮。五是开展了"英语朗诵比赛"。在各班认真预赛的基础上精心选拔了100多名优秀选手分别参加了中学组和小学组的比赛,各位选手认真选材,积极训练,在比赛中展示了良好的英语素质。六是以班级为单位举办了"英语听力阅读比赛"。英语教师精心命题,全校学生人人参与,赛出了风格,赛出了水平。七是举办了"英语歌曲比赛"。各班推荐的小歌手用美妙的歌声表达了他们对英语的无比热爱,用流利的英语诠释了他们对生活的无限憧憬。八是举办了"英美文化讲座"。为了让同学们进一步深刻地领会和把握英美文化的要义,以更加开阔的视野去领略英美文化的绚丽风光,用更加博大的胸襟去享受英美文化的甘甜,以更加积极的步履去挺进英美文化的腹地,我们在中学高年级举办这样一种高层次的文化讲座,取得了良好的效果。九是成功地举办了"英语之夜"。经过英语老师的精心策划,经过班主任老师的细心安排,经过全体同学全身心的投入,我们的"英语之夜"取得了巨大的成功。晚会上,同学们用英语尽情挥洒各自的才情,用英语竭力展示各自的风采,用英语成功装点了一个终生难忘的夜晚。十是成立"英语俱乐部"。为了进一步巩固英语节的胜利成果,为了培养和造就一大批英语学习的楷模,我们以本届英语节产生的学校"英语之星"和各年级"英语十佳"为骨干,成立了以提高英语说唱水平和英语运用能力为宗旨的"英语俱乐部"。我们相信,"英语俱乐部"的成立一定会极大地推动我校英语尖子生队伍的迅猛扩大,一定会促进我校英语运用水平的迅速提高。

我校首届英语节圆满完成了预定的各项任务,取得了预期的良好效果,它的意义是巨大而深远的。首先,英语节的成功举办,极大地提高了全校师生对英语学习重要性的认识,对全面提高我校英语教学成绩必将起到巨大的推动作用。其次,英语节期间各项工作的顺利开展和圆满实施,促使学校形成了更加浓厚的英语氛围,对形成我校鲜明的英语特色必将产生积极的影响。第三,英语节期间"英语教学论坛"的成功举办,全校师生学习英语的积极性的空前高涨,必将极大地增强我校英语教师工作的热情,增强我校英语教师争创一流业绩的信心,从而加快我校英语教学改革的步伐,开创我校英语教学的新局面。第四,英语节的成功举办,丰富了我校校园文化的内涵,提升了我校校园文化的层次,形成了具有浓郁英语氛围的校园文化新景观。

"英语节"作为一种大胆的尝试获得了巨大的成功,但是语言的学习非一朝一夕之功,语言能力的培养也不是仅仅依靠一两次活动就能立竿见影。因此,我们对于英语教学的探索和对于英语学习的热情不会因为"英语节"的闭幕而减弱。我们清醒地看到,要全面提高学生的英语素养还任重而道远。英语教学中的满堂灌、注入式、照本宣科的教学方法还大有市场,哑巴英语、聋子英语还普遍存在,一本教材一支笔,一张嘴巴磨破皮,繁琐的讲解,机械的训练还在蚕食语言的生动性与活泼性,还在不断地消耗学生对语言的学习热情。为了全面提高我校英语教学的质量和效率,我们将在以下十个方面进行不懈的探索,实现我校英语教育的"十化目标"。一是要努力实现教学规划科学化。按照中小幼一条龙的整体设计来规划我校英语教学,全程规划,分段实施,幼儿园强调交际英语,注重趣味性;小学强调生活英语,注重基础性;中学强调教学英语,注重实战性,中小幼形成一个有机的递进序列。二是实现教师素质最优化。在确保所有英语教师学历完全达标的同时要加大培养力度,用现代教育理念武装教师,用"新课标"的标准要求教师,促使全体教师准确把握教育改革的脉搏,努力追踪教育改革的步伐,始终站在教育改革的前沿。三是努力实现教学环境英语化。主要包括环境布置英语化、学生服装英语化、日常交际英语化、校园广播英语化,同时要继续开展"英语广场"等英语活动,让我们的学生每天说的是英语、听的是英语、唱的是英语、穿的是英语、用的是英语,每时每刻都置身于英语的海洋。四是要努力实现教学内容生活化。要根据学生的认知特点和生活积累,选择学生熟悉的生活内容组织教学,消除学习上的陌生感、距离感和不适应感,使学生对英语学习产生并保持浓厚的兴趣和爱好。五是努力实现教学方法多样化。一方面要促进教师教学的生动活泼,另一方面要充分调动学生自主学习的兴趣,放手让学生大量地读、大声地说、大方地讲、大胆地唱,把学生学习英语和运用英语的积极性提高到一个全新的高度。六是要搞好中小幼的有机衔接,努力实现教学过程全程化,使我校中小幼共同形成一个完整的英语教学系列和能力培养系列。七是努力实现教学用书校本化。要在一种教材为主的基础上,通过对多种教材进行有机的创造性的整合,实现教材的为我所用,构建起适应潮汕实际情况并具有我校鲜明特色的教材教辅体系。八是努力实现教学设计个性化。要针对每个学生量身定制教学计划,精心设计个性化的教学方案,对优等生实行导师制,对后进生实行陪读制,要把英语教学的重点放在课堂,全面实施分层教学与个别辅导,实现课堂教学的高质量高效率。九是努力发挥各种现代教育技术设备的功能,实现教学手段现代化。十是要建立起更具科学性和导向性的评价体系,努力实现教学评价的多元化。

语言自古以来就是人类最为重要的交际工具,在科学技术迅猛发展的当今世界,在信息浪潮席卷全球的当今时代,在"地球村"的概念已经深入人心的今天,在国门大开已经彻底融入世界的中国,我们更应该清醒地认识到英语教育的重要意义。学好粤语,才能融入广东;学好汉语,才能纵横中国;学好英语,才能笑傲世界。我们潮阳新世界中英文学校将进一步加大英语教学改革力度,努力凸显办学的英语特色,不断提高学生的英语素养,全面开创英语教学工作新局面。

2.以考核促有效

高中教学质量考核奖励方案

东莞市南开实验学校

(2014年春季版)

一、奖金来源

《高中部预算》中的"教师工作奖励"和"一线教师奖励金"两笔预算。

二、奖金使用办法

所有奖金主要用于教学过程的奖励,即主要用于期初、期中、期末三次大型考试的质量奖励,剩余部分用于整个学期的评优和补贴早晚自习等。

三、考核奖励办法

(一)教学质量过程奖

1.考核依据:以名次为依据,考核各班总平均名次和各班前25名学生平均名次。

2.考核奖励对象：高考文化学科教师及班主任、级长。

3.考核奖励办法

(1)高考学科教师

设立两项考核：A项考核所教各班的全班总平均名次，即 A＝学期起点全班总平均名次—本次考试全班总平均名次。

B项考核所教各班的班上总成绩前25名学生的平均名次。即 B＝学期起点全班总成绩前25名学生平均名次—本次考试全班总成绩前25名学生平均名次。

①基本奖：以班科为计奖单位，每个教师每次基本奖励额度为800元(A400＋B400)。

A项奖励办法：如果所教各班 A项考核分都≥－15，或虽然小于－15但不是全年级退步最大的三个班科，则奖励该教师400元；如果所教班级 A项考核分有小于－15且为本年级最后三名的，就减去相应的奖励份额(即减去400÷所教班级总数×减奖班级个数)。

B项奖励办法：将 A项中的－15改为－20，其他均与 A项奖励办法相同。

第一学期以中考成绩作为起点，从第二学期开始，每学期的考核起点名次(包括 A、B)＝本期实际起点名次＋(上期实际起点名次—本期实际起点名次)×70％。

②领先奖：以教师个人为计奖单位，如果所教各班 A项考核分或 B项考核分的平均值名列所在年级所有教师的前3名，各分别增加奖励500元、300元、100元。

③卓越奖：如果某个班科 A项或 B项(加权之后)的"起点总平均名次"列年级前三名，当次考试该项"总平均名次"仍然保持在年级前三名，并且该老师所教的其他任何班该项考核都没有出现减奖情况的，则给该教师该项考核加奖300元。

补充说明Ⅰ：1.为了数据的可比性，成绩统计的排名分为①实际排名、②等额排名(前后两次排名人数相等，便于文理科质量分析及理科质量考核)，文科再进行③对应排名(与理科排名人数一致，以便于文理科质量考核的对等)。2.执教两个年级的分别计算，获奖额度各为50％。3.高三文理科教师每次每人增加150元。

(2)班主任

高考学科全班总分平均名次(即 A)或班上总成绩前25名学生平均名次(即B)进步幅度列年级前4名的各奖励班主任300元，其他各奖励200元，但最后一名

若为负数且超过 -5 的不予奖励。

（3）级长

根据各年级文科总分前 20 名和理科总分前 50 名学生的总分平均分超过该年级总分平均分的幅度，各分别奖励级长 300 元、200 元、100 元。

补充说明Ⅱ：2014 届和 2015 届仍然执行动态起点至该年级毕业为止，2016 届开始执行静态起点。

（4）会考学科教师

会考学科平时不予考核，专职会考科教师平时奖金 800 元/次，兼职会考科教师按专业科成绩计算奖金。

会考学科的质量考核纳入高考奖励方案一并实施，从高考总奖金中提取一定比例作为会考奖金，根据会考成绩与学生高考成绩的对应情况决定奖惩标准，具体办法详见每届高考奖励方案。

（二）教育质量学期奖

在学期末评选各类优秀、先进，以精神鼓励为主，具体办法详见《东莞市南开实验学校高中部优秀（先进）教师奖励方案》。

本方案解释权属于高中部部务委员会。

2014 年 3 月修订

初中教学质量考核奖励方案

东莞市南开实验学校

（试行）

一、奖金来源

《2015 年下学期初中部一线教师奖励金发放方案》中的约 12.8 万元奖金中的部分奖金。

二、奖金使用办法

将原12.8万奖金分为"教学质量过程奖"和"教育教学综合奖"两大奖项,其中"教学质量过程奖"约6万元。

每个年级每学期各举行期初、期中、期末三次大型考试,每次考试之后以"班级组"为单位对各年级优秀班级组(所有任课老师)进行奖励。

三、考核奖励办法

(一)教学质量过程奖

按照"优秀奖"(导向"面向全体,提高平均分")、"培补奖"(导向"狠抓两头")两个奖项进行奖励,各年级实验班、平行班各奖励二分之一班级组。

1.优秀奖

根据每次大考各个班级"各学科的总平均分"在该年级的排名进行奖励,奖励各年级"各学科的总平均分"实验班前2名班级组和平行班前5名(其中2017届前4名)班级组,所得奖金由该班级组教师共享,班主任负责支配。

2.培补奖

根据每次大考各年级"培补考核分"的排名进行奖励,奖励各年级"培补考核分"实验班前2名班级组和平行班前5名(其中2017届前4名)班级组,所得奖金由该班级组教师共享,班主任负责支配。

以各年级总分前250名学生为培优对象,其中总分前80名为"特优生",每个特优生的考核分值为30分,总分第81—250名学生为"次优生",每个次优生的考核分值为10分。

各年级总分最后80名学生为需要补缺的"后进生",每个后进生的考核分值为-10分。

培补考核分=(当次特优生人数-起点特优生人数)*30+(当次次优生人数-起点次特优生人数)*10+[(当次后进生人数*-起点后进生人数*](-10)

如果"均分考核分"、"培补考核分"出现并列名次,中间出现则顺延,最后并列的则平均分享。

关于起点:从2017届开始初中三年每次大型考试的质量考核都以初中起始成

绩为起点。体育以 2014—2015 第一学期期中考试年级平均成绩作为起点进行计算;其他起始学科分实验班、平行班的平均成绩作为起点进行计算。没有纳入起点计算的新生,若变化在 1—3 人以内,起点成绩暂不变动,若变化多于 3 人(不含 3人)视其具体情况经研究之后特殊处理。

(二)教育教学综合奖

在学期末评选各类优秀、先进等,具体方案另订。

四、补充说明

(一)本方案在初二、初三年级实施,初一年级仍按照上学期方案奖励。

(二)本方案从 2014 年秋季学期开始试行。

3. 以评估促有效

以科学的评价助推教学质量的提升

(发表于学校内网)

目前中学教学质量评价普遍存在两大主要问题。第一是没有解决公正性的问题,第二是没有解决导向性的问题。针对这两大棘手问题,我校进行了积极的大胆的探索和试验,取得了可喜的研究成果。

任何评价方案首先要保证的必须是公正,没有公正性就根本谈不上科学性,但是真正要对教师的教学成绩做出公正的评价,的确是件难事。比如某次考试某语文教师平均分是 100 分,某数学教师平均分是 90 分,这两个教师的质量孰优孰劣?语文优吗,未必;又比如,某次考试,某英语教师平均分比全年级高了 5 分,而某物理老师的平均分比全年级只高了 3 分,谁提高得更多呢,英语吗,也未必;如果执教不同的班级的两个语文老师的平均分都是 100 分,又如何评价,是他们的贡献都一样吗,还是未必。可是在现实当中,就真还有不少学校直接拿这些数字做简单的比较,而且居然就用这种简单的比大小的办法给老师做质量评价,还根据这种评价对老师进行奖惩,这实在是贻笑大方。

之所以说是贻笑大方，是因为这种评价连最基本的问题都没有解决，这就是可比性的问题：不同学科之间没有可比性，同一学科不同层次的班级之间没有可比性，同一班级前后几次考试的成绩之间没有可比性，既然没有可比性，当然就不能仅凭数字大小定优劣了。

怎么办呢？我校探索出了一套行之有效的解决办法。我们知道，之所以没有可比性，是因为都使用了原始分记分，这就好比你挣了100英镑，我挣了90法郎，他挣了80日元，究竟谁挣得多呢，不可比，那就都折合成美元吧，都折合成美元就可比了，就知道你我他究竟谁挣得多了，就可以对你我他的成绩进行评价了，而教学成绩评价的这个"美元"就是——名次。

我们将"名次"作为教学质量评价的依据，而不是依据平均分。每次的考试成绩统计表，我们既统计每个学生每科的原始分，也统计该原始分在全年级的排名，既根据原始分计算出每个班科的平均分，也根据原始分的排名统计出每个班科的平均名次。由于名次也只有名次具有可比性，加上每次都用这种统计办法，那么前后几次的名次也都有了可比性，这就不仅从横向有效地解决了当次不同学科的教学质量的可比性问题，而且还从纵向有效地解决了前后 N 次的教学质量的可比性问题，从而也就真正地实现了对教师教学质量的科学评价。

但是作为一个高质量的评价方案，仅仅解决了可比性还是不够的，一份高质量的评价方案还应该具有很好的导向性。

正如评价问题是管理文化建设的难点一样，教学评价同样也是教学文化建设的难点。什么才是好成绩，什么才是好质量，这个问题能否解决是衡量一个学校的教学行为有没有文化高度的关键。平均分高质量就好吗，未必；优秀率高质量就好吗，也未必。假设有这么一个极端的例子：某班有 40 名学生参加高考，语文、数学、英语、综合每科各有 10 人得满分，对语文、数学、英语、综合的老师来讲，他们在这个班各有 10 个满分，很好！满分率高达 25%，很好！优秀率肯定也很好！平均分大概也很好！但是这是否就敢保证这个班的升学情况也一定很好呢？不一定！假如各科的 10 个满分刚好是同一群体的 10 个人，那么这个班至少可以上 10 个清华北大，很好！但是如果这各科的 10 个满分的得主只有部分重合，那么就只有几个能上清华北大，又假如这各科的 10 个满分的得主没有一个是重合的，完全就是各自 10 个人，而又假如这各自的 10 个人的其他各科又都考得极为糟糕，那么这个班不仅一个清华北大上不了，还可能一个本科甚至一个专科都上不了，所有的满分都大大贬值甚至成为无用分。

这就涉及到一个评价导向的问题，用平均分、优秀率、高分率、及格率等指标进行评价，它指向的是教师，只能说明某个教师教得怎么样，教育管理部门以此来评价教师、评价学科、评价学校是有意义的。但是高考上场的毕竟是学生，学生的高考成绩又看的是学生自己四大科的总成绩，而不是教某个学生的四大科的教师的成绩。因此，在学校这个层面，要提高高考竞争力，就必须把以教师为指向型的评价体系调整为以学生为指向的评价体系，即从学生的角度，从有利于提高学生个人的总成绩的角度，从有利于提高班级上线率的角度进行评价。

这又涉及到一个技术问题，技术的关键是引导教师从关注自己教学的平均分等指标转移到关注自己所教学生的成绩排名，并进而努力使自己所教学生该科排名尽量不低于其总分排名。也就是说，要让每个教师都心往一处想，劲往一处使，齐心协力促使每个学生都尽量不出现明显的"短板"。

而要教师把这个要求变为行动，仅靠动员是不够的，仅讲道理也是不够的，还必须要有相应的评价体系去导向、去促进、去内化。为此，我们出台了全新的教学质量动态量化考核方案，每次考试成绩出来之后，我们都运用此方案进行考核评价，严格与奖金兑现，严肃进行整改。在我们的方案中，主要不是看平均分或者优秀率，主要关注一个关键词——名次，因为我们要导向的不是关心教师的教学成绩，而是导向到关注学生，关注每一个学生个体是否均衡发展、协调发展、全面发展、持续发展。

培优补缺，这是老师们的口头禅。但到底什么是优，什么是缺，如果这个优和缺都没有搞清楚又怎么去培怎么去补，同样是 90 分，对有的学生来讲是优，对别的学生可能就是缺，而不同学科之间，假如某生语文得了 90 分，数学得了 80 分，究竟哪科是优哪科又是缺。这些问题的解决都只有遵循一个科学的角度——学生的角度，借助一个最有价值的因素——名次。这一问题解决好了，评价方案就可以称得上具有科学性了，教学质量的提升就有了强大的助推器了。

高中教学质量分析报告之一

为学生的未来奠基

——2014 届第一学期、2013 届第三学期
期初考试成绩分析与工作要求

一、成绩分析

说明:1.各科成绩分析全部以名次呈现,且期初与起点统计办法一致,以体现可比性。2.分析统计数据力求充分体现学部教学工作思路,即具有导向性。3.分析统计方法与质量考核方法一致,学期成绩档案作为期末评优的主要依据,体现激励性。

（一）2014 届第一学期成绩分析

表 3-1 2014 届第一学期各班成绩档案（根据九科总分的平均分排名1,"总平名次"指该班所有学生总分平均分的排名1。）

班级	班主任	时间	最高名次	前5名	前10名	前20名	前30名	前50名	前80名	前100名	前110名	前120名	前130名	前140名	前150名	最低名次	总平名次
一	孙敏	起点	1	3	5	11	15	25	39	47	47	49	50	50	50	125	52
		期初	2	1	2	8	13	22	30	37	37	39	39	41	41	271	81
二	齐红新	起点	2	2	5	10	15	25	41	48	48	48	49	49		228	52
		期初	1	4	7	10	15	21	31	36	38	40	42	43	45	229	72
三	刘忠玲	起点	98							1	3	4	6	8	9	376	233
		期初	10		1	1	1	2	3	5	5	7	10	11	11	371	226
四	马智	起点	103							2	3	5	7	8		372	239
		期初	13			1	1	2	4	6	7	8	9	11	11	375	229
五	罗光荣	起点	91							2	2	5	8	10		373	233
		期初	40					1	5	6	6	6	8	8		370	236
六	向家云	起点	94							2	3	4	6	8	9	375	233
		期初	29				1	1	3	5	5	7	8	9		372	219
七	吴书亮	起点	104							4	4	4	7	7		373	238
		期初	34					2	2	4	4	6	10	12		364	228
八	彭仕剑	起点	93							4	4	6	8	9		371	237
		期初	49					1	3	3	8	9	9	10	13	374	227

表3-2　2014届第一学期各科成绩档案(之一)

班级	时间	项目	语文		数学		英语		物理		化学	
			A	B	A	B	A	B	A	B	A	B
一	起点	均值	90	78	88	57	97	82	75	53	86	64
	期初	均值	121	97	102	51	93	56	110	81	95	72
		进退	-31	-19	-14	6	4	26	-35	-28	-9	-8
二	起点	均值	106	93	102	56	102	79	71	58	73	47
	期初	均值	111	66	97	55	118	88	68	62	95	54
		进退	-5	27	5	1	-16	-9	3	-4	-22	-7
三	起点	均值	226	182	203	179	224	197	228	177	234	187
	期初	均值	208	160	217	156	233	198	200	129	207	144
		进退	18	22	-14	23	-9	-1	28	48	27	43
四	起点	均值	200	179	221	172	220	219	228	164	231	182
	期初	均值	240	196	218	163	215	177	223	180	223	173
		进退	-40	-17	3	9	5	42	5	-16	8	9
五	起点	均值	210	181	242	187	226	197	226	181	222	171
	期初	均值	239	178	208	160	234	212	176	128	244	180
		进退	-29	3	34	27	-8	-15	50	53	-22	-9
六	起点	均值	238	195	209	171	224	177	210	169	223	183
	期初	均值	180	137	233	186	189	148	181	143	229	172
		进退	58	58	-24	-15	35	29	29	26	-6	11
七	起点	均值	228	193	234	186	238	214	236	205	211	168
	期初	均值	220	161	254	200	225	189	236	188	195	133
		进退	8	32	-20	-14	13	25	0	17	16	35
八	起点	均值	199	160	221	180	220	205	238	181	218	154
	期初	均值	193	119	211	139	225	189	188	145	224	150
		进退	6	41	10	41	-5	16	50	36	-6	4

班级	时间	项目	语文		数学		英语		物理		化学	
			A	B	A	B	A	B	A	B	A	B
年级平均		起点	187	158	190	149	194	171	189	149	187	145
		期初	188	139	193	139	190	157	173	132	186	135
		进退	−1.3	18.4	−3.1	9.75	4.38	14.1	16	16.5	1	9.8
		平均	188	148	192	144	192	164	181	140	187	140
		项目	A	B	A	B	A	B	A	B	A	B
			语文		数学		英语		物理		化学	

注:1."起点"指中考成绩,这个成绩将作为高中第一学期三次大型考试的共同起点,A 为该科全班平均名次,B 为班上总分平均分前 25 名学生该科平均名次,"总分排名"指该班总分平均分的排名 1。2. 该表与质量考核的数据不尽一致。3. 表 3同。

表 3 - 3 2014 届第一学期各科成绩档案(之二)

班级	时间	项目	生物		政治		历史		地理		总分排名	
			A	B	A	B	A	B	A	B	A	B
一	起点	均值	86	47	126	128	118	94	90	66	51	25
	期初	均值	99	49	154	135	138	108	119	87	81	31
		进退	−13	−2	−28	−7	−20	−14	−29	−21	−30	−6
二	起点	均值	76	55	118	111	86	81	94	68	52	25
	期初	均值	126	108	120	103	95	78	111	72	72	28
		进退	−50	−53	−2	8	−9	3	−17	−4	−20	−3
三	起点	均值	218	186	217	163	218	176	225	197	233	169
	期初	均值	269	217	169	150	190	132	220	150	226	148
		进退	−51	−31	48	13	28	44	5	47	7	21
四	起点	均值	236	187	222	203	229	217	215	198	238	176
	期初	均值	187	146	206	148	224	189	221	168	229	165
		进退	49	41	16	55	5	28	−6	30	9	11

班级	时间	项目	生物		政治		历史		地理		总分排名	
			A	B	A	B	A	B	A	B	A	B
五	起点	均值	221	189	188	168	204	160	203	175	233	169
	期初	均值	220	157	198	142	216	160	206	140	236	172
		进退	1	32	−10	26	−12	0	−3	35	−3	−3
六	起点	均值	213	172	203	185	223	216	210	187	233	169
	期初	均值	184	111	184	148	219	191	217	182	219	158
		进退	29	61	19	37	4	25	−7	5	14	11
七	起点	均值	188	150	192	170	210	162	181	135	238	174
	期初	均值	143	95	173	112	176	111	180	119	228	152
		进退	45	55	19	58	34	51	1	16	10	22
八	起点	均值	243	226	221	208	230	189	221	178	236	173
	期初	均值	263	209	202	171	214	168	226	169	227	152
		进退	−20	17	19	37	16	21	−5	9	9	21
年级平均	起点		185	152	186	167	190	162	180	151	189	135
	期初		186	137	176	139	184	142	188	136	190	126
	进退		−1.3	15	10.1	28.4	5.8	19.8	−7.6	14.6	−0.5	9.3
	平均		186	144	181	153	187	152	184	143	190	130

(二)2013届第三学期成绩分析

表3-4　2013届第三学期理科各班成绩档案(根据九科总分的平均分排名1)

班级	班主任	时间	最高名次	前5名	前10名	前20名	前30名	前50名	前80名	前100名	前110名	前120名	最低名次	总平名次
一	李灿明	起点	6		1	1	1	5	13	21	27	30	214	113
		期初	15			1	2	5	14	21	22	26	213	121
二	何立丹	起点	9		1	2	2	4	11	20	22	27	219	117
		期初	17			1	1	6	14	21	27	33	230	112
三	王明亮	起点	1	5	8	17	27	41	53	54	54	54	81	34
		期初	1	5	10	18	27	39	51	54	54	54	93	34
四	杨 亮	起点	54						3	5	6	8	251	183
		期初	58						1	4	6	6	255	186

班级	班主任	时间	最高名次	前5名	前10名	前20名	前30名	前50名	前80名	前100名	前110名	前120名	最低名次	总平名次
五	田东华	起点	102								1	1	254	206
	王法付	期初	110								1	1	256	205

表3-5　理科班第三学期各科成绩档案

班级	时间	项目	语文		数学		英语		物理		化学		生物		总分排名	
			A	B	A	B	A	B	A	B	A	B	A	B	A	B
一	起点	均值	118	101	117	86	121	109	131	88	122	81	120	81	113	75
	期初	均值	115	79	141	110	121	97	133	90	120	83	123	92	121	75
		进退	3	22	-24	-24	0	12	-2	-2	2	-2	-3	-11	-8	0
二	起点	均值	143	114	130	87	132	116	108	72	115	83	104	71	117	76
	期初	均值	134	118	130	94	132	101	107	72	113	89	95	58	112	74
		进退	9	-4	0	-7	0	15	1	0	2	-6	9	13	5	2
三	起点	均值	47	24	44	23	41	25	48	28	44	34	40	21	34	15
	期初	均值	57	50	44	25	44	21	46	24	57	35	52	29	34	14
		进退	-10	-26	0	-2	-3	4	2	4	-13	-1	-12	-8	0	1
四	起点	均值	191	173	196	168	198	178	195	164	201	171	183	142	183	144
	期初	均值	182	147	174	151	190	157	190	170	177	137	174	133	186	148
		进退	9	26	22	17	8	21	5	-6	24	34	9	9	-3	-4
五	起点	均值	186	153	204	182	198	170	208	180	208	177	202	174	206	179
	期初	均值	183	157	192	174	197	172	207	181	214	189	194	164	205	177
		进退	3	-4	12	8	1	-2	1	-1	-6	-12	8	10	1	2
年级平均	起点		137	113	138	109	138	120	138	106	138	109	130	98	131	98
	期初		134	110.2	136	111	137	110	137	107	136	107	128	95	132	98
	进退		2.8	2.8	2	-1.6	1.2	10	1.4	-1	1.8	2.6	2.2	2.6	-1	0.2
	平均		136	111.6	137	110	137	115	137	107	137	108	129	97	131	98

注:1."起点"是根据第二学期三次大型考试的平均成绩计算出的第三学期的起点成绩，这个成绩将作为第三学期三次大型考试的共同起点,A为该科全班平均名次,B为班上总分前25名学生该科平均名次,"总分排名"指该班总分平均分的排名1。

2.该表与质量考核的数据不尽一致。

表3-6　2013届第三学期文科各班成绩档案:各班分数段变化情况,根据九科总分的平均分排名1

班级	班主任	时间	最高名次	前5名	前10名	前20名	前30名	前50名	前80名	前100名	最低名次	总平名次
六	刘军慧	起点	1	2	4	11	17	25	35	40	135	59
		期初	1	2	5	12	15	24	36	42	140	62
七	刘兴	起点	3	2	5	8	12	21	34	41	131	58
		期初	2	2	4	7	14	24	34	41	136	58
八（艺术）	范军	起点	2	1	1	1	1	4	11	19	134	93
		期初	3	1	1	1	1	2	10	17	137	99

表3-7　文科班第三学期各科成绩档案

班级	时间	项目	语文		数学		英语		政治		历史		地理		总分排名	
			A	B	A	B	A	B	A	B	A	B	A	B	A	B
六	起点	均值	69	37	69	42	67	36	64	33	65	33	63	37	59	23
	期初	均值	73	46	72	45	62	31	57	32	60	33	68	39	62	25
		进退	-4	-9	-3	-3	5	5	7	1	5	0	-5	-2	-3	-2
七	起点	均值	60	40	60	32	62	39	58	36	60	33	62	38	58	31
	期初	均值	56	38	54	31	64	43	58	39	58	31	64	42	58	28
		进退	4	2	6	1	-2	-4	0	-3	2	2	-2	-4	0	3
八	起点	均值	94	84	95	81	94	83	94	82	100	89	99	86	93	80
	期初	均值	87	81	96	83	97	91	101	92	103	90	86	71	99	85
		进退	7	3	-1	-2	-3	-8	-7	-10	-3	-1	13	15	-6	-5
年级平均		起点	74	54	75	52	74	53	72	50	75	52	75	54	70	45
		期初	72	55	74	53	74	55	72	54	74	51	73	51	73	46
		进退	2.3	-1	0.7	-1	0	-2	0	-4	1.3	0.3	2	3	-3	-1
		平均	73	54	74	52	74	54	72	52	74	52	74	52	72	45

注:1. "起点"是根据第二学期三次大型考试的平均成绩计算出的第三学期的起点成绩,这个成绩将作为第三学期三次大型考试的共同起点,A为该科全班平均名次,B为班上总分前25名学生该科平均名次,"总分排名"指该班总分平均分的

排名1。2.该表与质量考核的数据不尽一致。

二、工作要求——基础年级当奠基

(一)基础知识

◇为什么:

1.我校生源决定了只能从基础抓起

表3-8 高2012届生源状况:

学校	总人数	前500	前1000	前2000	前2500	前10000	前20000
莞中	947	197	387	684	771	930	946
一中	1069	28	81	257	400	1001	1058
实验	1076	0	11	48	94	977	1068
松中	638	78	133	247	306	599	632
莞高	1052	8	28	185	309	1000	1050
东华	1449	192	307	445	497	1175	1413
光明	1147	12	18	75	104	471	1034
虎外	344	10	17	39	55	260	343
翰林	797	3	8	37	54	189	569
南开	391	1	4	14	22	193	354

2.基础年级新授课的特点决定了必须注重基础

新授课呈现的是一个一个的点,第一轮复习是连点成线,第二轮复习是连线成面,能否使学生构建起完整的知识体系,"点"的积累是前提之前提、关键之关键、基础之基础。

3.高考特点要求必须注重基础

高考性质、高考难易度、高考录取线的启示。

◇怎么办:

1.知识要点化。理科的概念、定义、公式、定理、单位等,文科的时间、地点、人物、事件等,英语的单词、短语,语文英语的精美段落、篇章,等等。该讲的要讲,该读的要读,该记的要记,该补的要补,该写的要写。

2.要点习题化。要将知识内化为学生的素养,最有效的方法就是做题。配套作业当以基础过关为重，在此基础上适度拓展。

3.习题系列化。横向要构成完整的训练系列，纵向要构成能力的提升系列，题不在多，有用则灵，切忌漫无目的的题海战术。

4.向课堂要效率。高一政史地和高二会考科一律不得布置课外作业。语数外、理化生课外作业量必须分别控制在30分钟、20分钟以内。早晚自习不得讲课。

5.做好初高中的衔接工作。

（二）基本能力

书写能力、表达能力、计算能力、记忆能力、理解分析能力、归纳概括能力、演绎迁移能力、探究能力、想象能力、鉴赏评价能力。

（三）基本素质

身体状况、心理状态、思想品质、精神状态。

（四）基本习惯

1.课前预习的习惯。2.课上笔记的习惯。3.课后总结的习惯。4.勤思善问的习惯。5.广读博览的习惯。

（五）基本方法

1.预习的方法。2.听课、笔记的方法。3.朗诵、记忆的方法。4.读题、做题的方法。5.各个学科特有的学习方法。

例如：基础阅读学习法。根据有序原理和由低层次向高层次发展的过程，学习首先是基础的阅读。其具体方法很多：①划读法（边读边划标记）。②查读法（边读边查字典词典）。③疑读法（边读边质疑解疑）。④理读法（边读边理清思路层次）。⑤议读法（边读边互相议论）。⑥注读法（边读边做注释）。⑦比读法（边读边比较对照）。⑧究读法（边读边深究内容中心）。⑨联读法（联系实际读，联系已知读）。⑩掠读法（快速扫视全文，达到粗线条了解）。⑪逆读法（根据某种需要，从书本或文章的末尾追溯性地向前读去）。⑫跳读法（根据某种需要，跳过某些无关的、不重要的或自己已经了解的章段有选择地读去）。⑬寻读法（带着某种特定的目的，专门搜寻某方面内容）。⑭精读法（重点"读破"一卷、一篇）。⑮泛读法（根据某种需要广泛阅读和涉猎），等等。

三、工作安排

1.高一课时调整：高一第一学期期初考试之后语文拿出1节用于课外阅读，周三第1、2节晚自习固定用于数学(单周)/英语(双周)考试。

2.搞好高二港澳台学生的辅导工作。

3.做好高一学生的学业规划指导。引导学生向文理科合理分流,从2014届开始我校不再成立专门的艺术班。

4.各科必须补充的内容及其应对办法的研究与实施工作。

5.班科联系会、家校联系及师生个别交谈。

高中教学质量分析报告之二

追求高效的教学

——2014届第一学期、2013届第三学期
期中考试成绩分析与工作要求

一、成绩分析

说明:

1.各科成绩分析全部以名次呈现,且期初、期中与起点统计办法一致,以体现可比性。

2.分析统计数据力求充分体现学部教学工作总思路,即体现导向性。

3.分析统计方法与质量考核方法一致,学期成绩档案作为教师评价的主要依据,体现激励性。

(一)2014届第一学期成绩分析

表3-9 2014届第一学期各班成绩档案(根据九科总分的平均分排名1,"总平名次"指该班所有学生总分平均分的排名1。)

班级	班主任	时间	最高名次	前5名	前10名	前20名	前30名	前50名	前80名	前100名	前110名	前120名	前130名	前140名	前150名	最低名次	总平名次
一	孙 敏	起点	1	3	5	11	15	25	39	47	47	49	50	50	50	125	52
		期初	2	1	2	8	13	22	30	37	37	39	39	41	41	271	81
		期中	1	4	6	11	14	22	31	35	36	37	40	40	42	320	79

班级	班主任	时间	最高名次	前5名	前10名	前20名	前30名	前50名	前80名	前100名	前110名	前120名	前130名	前140名	前150名	最低名次	总平名次
二	齐红新	起点	2	2	5	10	15	25	41	48	48	48	48	49	49	228	52
		期初	1	4	7	10	15	21	31	36	38	40	42	43	45	229	72
		期中	3	1	4	8	12	19	27	30	35	37	38	40	42	222	84
三	李德春	起点	98							1	3	4	6	8	9	376	233
		期初	10		1	1	1	2	3	5	5	7	10	11	11	371	226
		期中	26		0	0	1	2	4	4	4	5	5	5	6	371	244
四	马智	起点	103								2	3	5	7	8	372	239
		期初	13			1	1	2	4	6	7	8	9	11	11	375	229
		期中	43			0	0	1	3	4	6	7	8	9	10	373	232
五	罗光荣	起点	91							2	2	5	6	8	10	373	233
		期初	40						1	5	6	6	6	8	8	370	236
		期中	11			1	1	2	4	9	10	10	11	13	15	374	213
六	向家云	起点	94							2	3	4	6	8	9	375	233
		期初	29				1	1	3	3	5	5	7	8	9	372	219
		期中	23				1	2	3	6	6	7	8	12	13	372	214
七	吴书亮	起点	104								4	4	4	7	7	373	238
		期初	34					2	2	4	4	6	9	10	12	364	228
		期中	65					0	3	5	7	8	9	10	11	362	226
八	彭仕剑	起点	93							1	1	4	5	7	9	371	237
		期初	49					1	3	3	8	9	9	10	13	374	227
		期中	18			1	1	3	6	8	8	9	11	11	11	374	228
班级	班主任	时间	最高名次	前5名	前10名	前20名	前30名	前50名	前80名	前100名	前110名	前120名	前130名	前140名	前150名	最低名次	总平名次

★ 进步较大的班级：八班、五班、六班。

表3-10　2014届第一学期各科成绩档案（之一）

班级	时间	项目	语文		数学		英语		物理		化学	
			A	B	A	B	A	B	A	B	A	B
一	起点	均值	90	78	88	57	97	82	75	53	86	64
	期初	均值	121	97	102	51	93	56	110	81	95	72
	期中	均值	130	95	107	56	79	53	146	90	96	55
		进退	−40	−17	−19	1	18	29	−71	−37	−10	9

班级	时间	项目	语文 A	语文 B	数学 A	数学 B	英语 A	英语 B	物理 A	物理 B	化学 A	化学 B
二	起点	均值	106	93	102	56	102	79	71	58	73	47
	期初	均值	111	66	97	55	118	88	68	62	95	54
	期中	均值	129	108	104	67	104	64	83	56	129	82
		进退	−23	−15	−2	−11	−2	15	−12	2	−56	−35
三	起点	均值	226	182	203	179	224	197	228	177	234	187
	期初	均值	208	160	217	156	233	198	200	129	207	144
	期中	均值	222	189	219	163	230	191	245	193	220	163
		进退	4	−7	−16	16	−6	6	−17	−16	14	24
四	起点	均值	200	179	221	172	220	219	228	164	231	182
	期初	均值	240	196	218	163	215	177	223	180	223	173
	期中	均值	236	218	220	158	221	189	235	165	218	143
		进退	−36	−39	1	14	−1	30	−7	−1	13	39
五	起点	均值	210	181	242	187	226	197	226	181	222	171
	期初	均值	239	178	208	160	234	212	176	128	244	180
	期中	均值	211	168	222	153	207	179	187	123	220	160
		进退	−1	13	20	34	19	18	39	58	2	11
六	起点	均值	238	195	209	171	224	177	210	169	223	183
	期初	均值	180	137	233	186	189	148	181	143	229	172
	期中	均值	186	166	210	141	227	203	199	137	237	189
		进退	52	29	−1	30	−3	−26	11	32	−14	−6
七	起点	均值	228	193	234	186	238	214	236	205	211	168
	期初	均值	220	161	254	200	225	189	236	188	195	133
	期中	均值	201	153	247	190	237	207	237	174	193	112
		进退	27	40	−13	−4	1	7	−1	31	18	56
八	起点	均值	199	160	221	180	220	205	238	181	218	154
	期初	均值	193	119	211	139	225	189	188	145	224	150
	期中	均值	192	155	217	150	231	171	199	128	221	152
		进退	7	5	4	30	−11	34	39	53	−3	2

班级	时间	项目	语文		数学		英语		物理		化学	
			A	B	A	B	A	B	A	B	A	B
年级均值		起点	187	158	190	149	194	171	189	149	187	145
		期初	188	139	193	139	190	157	173	132	186	135
		期中	188	157	193	135	192	157	191	133	192	132
		平均	188	151	192	141	192	162	184	138	188	137

注:1."起点"指中考成绩,这个成绩将作为高中第一学期三次大型考试的共同起点,A 为该科全班平均名次,B 为班上总分平均分前 25 名学生该科平均名次,"总分排名"指该班总分平均分的排名1。

2.该表与质量考核的数据不尽一致。

3.表 3-11 同。

★ 进步较大的班科:语文六班七班、数学五班八班、英语一班五班、物理五班八班、化学四班七班

表 3-11 2014 届第一学期各科成绩档案(之二)

班级	时间	项目	生物		政治		历史		地理		总分排名	
			A	B	A	B	A	B	A	B	A	B
一	起点	均值	86	47	126	128	118	94	90	66	51	25
	期初	均值	99	49	154	135	138	108	119	87	81	31
	期中	均值	79	31	57	38	148	142	110	68	78	25
		进退	7	16	69	90	-30	-48	-20	-2	-27	0
二	起点	均值	76	55	118	111	86	81	94	68	52	25
	期初	均值	126	108	120	103	95	78	111	72	72	28
	期中	均值	128	88	138	111	94	74	92	66	83	36
		进退	-52	-33	-20	0	-8	7	2	2	-31	-11
三	起点	均值	218	186	217	163	218	176	225	197	233	169
	期初	均值	269	217	169	150	190	132	220	150	226	148
	期中	均值	266	209	235	203	212	172	244	172	244	176
		进退	-48	-23	-18	-40	6	4	-19	25	-11	-7

班级	时间	项目	生物		政治		历史		地理		总分排名	
			A	B	A	B	A	B	A	B	A	B
四	起点	均值	236	187	222	203	229	217	215	198	238	176
	期初	均值	187	146	206	148	224	189	221	168	229	165
	期中	均值	203	167	252	232	217	195	226	173	232	165
		进退	33	20	−30	−29	12	22	−11	25	6	11
五	起点	均值	221	189	188	168	204	160	203	175	233	169
	期初	均值	220	157	198	142	216	160	206	140	236	172
	期中	均值	263	205	124	67	176	125	183	106	213	140
		进退	−42	−16	64	101	28	35	20	69	20	29
六	起点	均值	213	172	203	185	223	216	210	187	233	169
	期初	均值	184	111	184	148	219	191	217	182	219	158
	期中	均值	164	97	243	218	224	191	221	162	214	146
		进退	49	75	−40	−33	−1	25	−11	25	19	23
七	起点	均值	188	150	192	170	210	162	181	135	238	174
	期初	均值	143	95	173	112	176	111	180	119	228	152
	期中	均值	172	116	223	196	195	164	175	137	226	157
		进退	16	34	−31	−26	15	−2	6	−2	12	17
八	起点	均值	243	226	221	208	230	189	221	178	236	173
	期初	均值	263	209	202	171	214	168	226	169	227	152
	期中	均值	249	192	224	176	213	135	208	146	228	149
		进退	−6	34	−3	32	17	54	13	32	8	24
年级均值		起点	185	152	186	167	190	162	180	151	189	135
		期初	186	137	176	139	184	142	188	136	190	126
		期中	186	132	197	165	190	154	185	133	193	128
		平均	186	140	186	157	188	153	184	140	191	130

★ 进步较大的班科:生物六班七班、政治一班五班、历史五班八班、地理五班八班。

(二)2013届第三学期成绩分析

表3-12　2013届第三学期文科各班成绩档案(根据九科总分的平均分排名1)

班级	班主任	时间	最高名次	前5名	前10名	前20名	前30名	前50名	前80名	前100名	最低名次	总平名次
六	刘军慧	起点	1	2	4	11	17	25	35	40	135	59
		期初	1	2	5	12	15	24	36	42	140	62
		期中	1	2	4	9	16	26	37	41	141	61
七	刘兴	起点	3	2	5	8	12	21	34	41	131	58
		期初	2	2	4	7	14	24	34	41	136	58
		期中	4	2	5	10	12	22	35	43	131	58
八(艺术)	范军	起点	2	1	1	1	1	4	11	19	134	93
		期初	3	1	1	1	1	2	10	17	137	99
		期中	3	1	1	1	2	2	8	16	140	102

表3-13　2013届第三学期理科各班成绩档案(根据九科总分的平均分排名1)

班级	班主任	时间	最高名次	前5名	前10名	前20名	前30名	前50名	前80名	前100名	前110名	前120名	最低名次	总平名次
一	李灿明	起点	6		1	1	1	5	13	21	27	30	214	113
		期初	15		0	1	2	5	14	21	22	26	213	121
		期中	5	1	1	1	2	6	14	24	31	33	218	109
二	何立丹	起点	9		1	2	2	4	11	20	22	27	219	117
		期初	17		0	1	1	6	14	21	27	33	230	112
		期中	21			0	1	6	17	22	24	29	239	111
三	王明亮	起点	1	5	8	17	27	41	53	54	54	54	81	34
		期初	1	5	10	18	27	39	51	54	54	54	93	34
		期中	1	4	10	19	27	39	51	53	53	54	119	37
四	杨亮	起点	54						3	5	6	8	251	183
		期初	58						1	4	6	6	255	186
		期中	94					0	1	2	4		249	196
五	王法付	起点	102								1	1	254	206
		期初	110								1	1	256	205
		期中	129								0	0	255	202

★ 进步较大的班级：一班。

表 3-14 文科班第三学期各科成绩档案

班级	时间	项目	语文		数学		英语		政治		历史		地理		总分排名	
			A	B	A	B	A	B	A	B	A	B	A	B	A	B
六	起点	均值	69	37	69	42	67	36	64	33	65	33	63	37	59	23
	期初	均值	73	46	72	45	62	31	57	32	60	33	68	39	62	25
	期中	均值	73	46	61	35	65	28	62	39	64	38	62	37	61	25
		进退	-4	-9	8	7	2	8	2	-6	1	-5	1	0	-2	-2
七	起点	均值	60	40	60	32	62	39	58	36	60	33	62	38	58	31
	期初	均值	56	38	54	31	64	43	58	39	58	31	64	42	58	28
	期中	均值	51	41	60	34	60	38	52	33	58	36	60	38	58	29
		进退	9	-1	0	-2	2	1	6	3	2	-3	2	0	0	2
八	起点	均值	94	84	95	81	94	83	94	82	100	89	99	86	93	80
	期初	均值	87	81	96	83	97	91	101	92	103	90	86	71	99	85
	期中	均值	92	82	105	96	97	86	100	93	98	87	97	82	102	88
		进退	2	2	-10	-15	-3	-3	-6	-11	2	2	2	4	-9	-8
年级均值	起点		74	54	75	52	74	53	72	50	75	52	75	54	70	45
	期初		72	55	74	53	74	55	72	54	74	51	73	51	73	46
	期中		72	56	75	55	74	51	71	55	73	54	73	52	74	47
	平均		73	55	75	53	74	53	72	53	74	52	74	52	72	46

注:1. "起点"是根据第二学期三次大型考试的平均成绩计算出的第三学期的起点成绩,这个成绩将作为第三学期三次大型考试的共同起点,A 为该科全班平均名次,B 为班上总分前 25 名学生该科平均名次,"总分排名"指该班总分平均分的排名。2. 该表与质量考核的数据不尽一致。3. 表 3-15 同。

表 3-15 理科班第三学期各科成绩档案

班级	时间	项目	语文		数学		英语		物理		化学		生物		总分排名	
			A	B	A	B	A	B	A	B	A	B	A	B	A	B
一	起点	均值	118	101	117	86	121	109	131	88	122	81	120	81	113	75
	期初	均值	115	79	141	110	121	97	133	90	120	83	123	92	121	75
	期中	均值	119	92	114	80	107	99	124	90	116	71	128	99	109	71
		进退	-1	9	3	6	14	10	7	-2	6	10	-8	-18	4	4

班级	时间	项目	语文		数学		英语		物理		化学		生物		总分排名	
			A	B	A	B	A	B	A	B	A	B	A	B	A	B
二	起点	均值	143	114	130	87	132	116	108	72	115	83	104	71	117	76
	期初	均值	134	118	130	94	132	101	107	72	113	89	95	58	112	74
	期中	均值	129	120	126	83	126	98	109	76	113	81	95	61	112	69
		进退	14	-6	4	4	6	18	-1	-4	2	2	9	10	5	7
三	起点	均值	47	24	44	23	41	25	48	28	44	34	40	21	34	15
	期初	均值	57	50	44	25	44	21	46	24	57	35	52	29	34	14
	期中	均值	48	32	46	28	47	31	61	25	53	30	44	22	37	14
		进退	-1	-8	-2	-5	-6	-6	-13	3	-9	4	-4	-1	-3	1
四	起点	均值	191	173	196	168	198	178	195	164	201	171	183	142	183	144
	期初	均值	182	147	174	151	190	157	190	170	177	137	174	133	186	148
	期中	均值	196	187	196	171	205	185	196	164	185	157	165	117	196	165
		进退	-5	-14	0	-3	-7	-7	-1	0	16	14	18	25	-13	-21
五	起点	均值	186	153	204	182	198	170	208	180	208	177	202	174	206	179
	期初	均值	183	157	192	174	197	172	207	181	214	189	194	164	205	177
	期中	均值	180	145	204	177	196	179	188	162	213	188	202	180	202	174
		进退	6	8	0	5	2	-9	20	18	-5	-11	0	-6	4	5
年级均值	起点		137	113	138	109	138	120	138	106	138	109	130	98	131	98
	期初		134	110.2	136	111	137	110	137	107	136	107	128	95	132	98
	期中		134	115	137	108	136	118	136	103	136	105	127	96.2	131	98
	平均		135	113	137	109	137	116	137	105	137	107	128	96.4	131	98

★ 进步较大的班科：语文五班、数学六班、英语一班二班、物理五班、化学四班一班、生物四班二班。

二、工作要求——追求高效的教学

教学艺术的本质不在于传授，而在于激励、鼓舞和唤醒。

——德国教育家第斯多惠

★高效教学的关键所在——高效课堂。

★高效课堂的基本特征——主动、生动，高效、高兴。

★打造高效课堂必须关注的十大因素:

1. 教师。对工作的热情度、对学生的关爱度、人际关系的疏密度、专业知识的深度、相关知识的广度、认识问题的高度、对重难点把握的准确度、对本学科前沿成果的熟悉度、处理课堂生成问题的灵敏度、教学反思的自觉度等。

2. 学生。理想、智力、基础、方法、习惯、毅力等。

3. 内容。书本世界(课标、教材、考纲、考卷、教参、教辅、媒体等)、生活世界(社会生活、学生生活等)、精神世界(情感、态度、价值观)。

4. 用具。包括教具、学具等。教师要恰当使用多媒体,巧妙使用彩色笔,尽量使用直观教具。提倡学生使用词典、活页夹、双色笔、草稿本、纠错本等。

5. 教策。"五有十性","三化"等。

6. 教程。将"预习——上课——复习"构成一个完整的教学过程,提倡并鼓励编制"预学案"。认真设计教学流程,珍惜课堂每一分钟,善于把握最佳时间尤其是每节课的前5分钟。

7. 方法。预习的方法、听课的方法、笔记的方法、记忆的方法、计算的方法、批注的方法、复习的方法、解题的方法、纠错的方法等。

8. 教度。进度、速度、深度、广度、坡度的把握。

9. 作业。及时性、针对性、层次性、系统性如何。

10. 教境。物质环境的布置、人际环境的协调、学习环境的营造。

三、工作安排

1. 家长会。

2. 高一学生大会。12月1日晚,南开会堂。

3. 高一文理分科准备。不单设艺术班,从2012届开始艺术类高考可以文理兼报了。

4. 运动会、迎新年文娱晚会。

5. 学科竞赛工作。

6. 关于期末工作:1月9——11日全市统考九科,大约13日下午高一高二教师可以离校,下学期学生返校时间大约是正月16。

高中教学质量分析报告之三

一切为了学生的成长

——2014 届第二学期、2013 届第四学期
期初质量分析与工作要求

一、成绩分析

（一）2014 届成绩分析

表 3-16　2014 届第二学期理科各班成绩档案

班级	班主任	时间	最高名次	前5名	前10名	前20名	前30名	前50名	前80名	前100名	前120名	前150名	最低名次	总平名次
一	孙　敏	起点	2	3	4	11	17	25	37	44	46	48	190	58
		期初	1	3	4	9	14	20	34	41	42	44	219	86
二	齐红新	起点	1	2	6	9	13	25	39	42	45	50	153	62
		期初	2	2	6	11	14	27	38	43	45	49	236	78
三	李德春	起点	62						1	3	5	12	265	186
		期初	29			1	1		2	4	7	18	264	165
四	马　智	起点	93							3	4	10	262	193
		期初	76						1	4	8	11	266	173
五	罗光荣	起点	75						1	5	13	17	263	180
		期初	55						3	5	6	12	271	174
六	向家云	起点	64						2	3	7	13	259	188
		期初	27			1	2		2	4	12	16	269	165

表 3-17　2014 届第二学期文科各班成绩档案

班级	班主任	时间	最高名次	前5名	前10名	前20名	前30名	前50名	最低名次	总平名次
七	吴书亮	起点	1	3	5	10	15	26	104	60
		期初	3	1	3	10	13	25	110	61

班级	班主任	时间	最高名次	前5名	前10名	前20名	前30名	前50名	最低名次	总平名次
八	彭仕剑	起点	4	2	5	10	15	24	106	60
		期初	1	4	7	10	17	26	109	56

备注：表3-16表3-17的分数段人数，起点根据总分的平均名次的排名，期初根据总分的平均分排名1，"总平名次"指该班所有学生各科平均名次的均值。

▲高2014届第二学期期初进步较大的班级：三班、四班、六班、八班。

表3-18　2014届文科各班第二学期高考学科成绩档案

班级	时间	项目	语文		数学		英语		政治		历史		地理		总分排名	
			A	B	A	B	A	B	A	B	A	B	A	B	A	B
七	起点	均值	63	40	63	40	62	46	59	41	58	36	56	33	60	29
	期初	均值	59	37	57	31	59	38	66	55	61	39	61	43	62	30
		进退	4	3	6	9	3	8	-7	-14	-2	-2	-4	-10	-2	-1
八	起点	均值	59	41	59	38	58	44	60	40	60	39	62	44	60	31
	期初	均值	58	36	63	31	61	34	51	46	58	35	57	37	59	25
		进退	1	5	-4	7	-3	10	9	-7	2	4	5	7	2	6
年级均值	起点		41		37		40		38		36		35		30	
	期初		36		31		36		51		37		40		28	
	平均		39		34		38		45		36		38		29	

"起点"指考核起点，即加权之后用于质量考核的起点名次，但进退值不同于质量考核的排名。下同。

表3-19　2014届理科各班第二学期高考学科成绩档案

班级	时间	项目	语文		数学		英语		物理		化学		生物		总分排名	
			A	B	A	B	A	B	A	B	A	B	A	B	A	B
一	起点	均值	90	79	80	63	80	57	87	68	75	61	71	40	59	27
	期初	均值	66	59	83	63	78	54	87	51	84	40	86	50	73	31
		进退	24	20	-3	-0	2	3	-0	17	-9	21	-15	-10	-14	-4
二	起点	均值	93	86	84	61	90	58	70	53	79	53	100	67	62	30
	期初	均值	90	75	74	45	91	58	66	50	62	40	71	55	61	25
		进退	3	10	10	16	-1	0	4	3	16	13	29	13	1	5

班级	时间	项目	语文 A	语文 B	数学 A	数学 B	英语 A	英语 B	物理 A	物理 B	化学 A	化学 B	生物 A	生物 B	总分排名 A	总分排名 B
三	起点	均值	172	152	173	147	176	151	171	149	168	147	190	165	186	147
	期初	均值	153	135	189	165	176	145	167	143	170	128	176	133	179	137
		进退	20	17	-15	-18	-0	6	4	6	-2	19	14	32	7	10
四	起点	均值	173	152	176	154	169	158	186	167	180	157	161	142	193	165
	期初	均值	185	167	162	131	150	126	188	166	189	154	173	138	188	152
		进退	-12	-16	14	23	20	32	-1	1	-9	3	-12	4	5	13
五	起点	均值	167	140	178	152	180	171	166	140	171	129	182	142	186	151
	期初	均值	193	160	174	146	176	156	158	108	177	139	182	146	189	146
		进退	-26	-20	4	6	4	15	8	32	-6	-10	0	-4	-3	5
六	起点	均值	174	165	185	158	179	163	171	152	185	169	164	145	195	162
	期初	均值	153	121	175	119	176	148	184	150	166	138	153	118	179	134
		进退	21	44	10	39	3	15	-12	2	19	32	11	26	16	28
年级均值	起点		123		119		121		113		115		109		110	
	期初		120		111		114		111		107		107		104	
	平均		121		115		118		112		111		108		107	

▲动态看进退,2014 届第二学期期初各班进步较大的学科是:一班语文、二班生物、三班生物语文、四班英语数学、五班物理、六班语文数学化学生物。

▲静态看实力,2014 届第二学期各班培优最需要加油的科目是(静态看各班 B 项):一班数学、二班语文、三班数学、四班语文、五班语文、六班物理,七班政治、八班政治。

(二)2013 届成绩分析

表 3-20　2013 届第四学期理科各班成绩档案

班级	班主任	时间	最高名次	前5名	前10名	前20名	前30名	前50名	前80名	前100名	前110名	前120名	最低名次	总平名次
一	李灿明	三期起点	6		1	1	1	5	13	21	27	30	214	113
		四期起点	9		1	1	1	5	13	24	28	31	217	119
		四期期初	10		1	2	2	8	18	23	26	31	201	112

班级	班主任	时间	最高名次	前5名	前10名	前20名	前30名	前50名	前80名	前100名	前110名	前120名	最低名次	总平名次
二	何立丹	三期起点	9		1	2	2	4	11	20	22	27	219	117
		四期起点	16		0	1	1	3	15	22	26	33	212	115
		四期期初	9		1	1	3	4	14	26	33	37	206	110
三	王明亮	三期起点	1	5	8	17	27	41	53	54			81	34
		四期起点	1	5	9	18	28	42	52	54			92	38
		四期期初	1	5	8	17	25	39	48	51	52	53	174	53
四	杨亮	三期起点	54						3	5	6	8	251	183
		四期起点	104						0	0	2	2	254	205
		四期期初	122						0	0	0	0	251	177
五	王法付	三期起点	102								1	1	254	206
		四期起点	134								0	0	253	214
		四期期初	135								0	0	254	192

表3－21　2013届第四学期文科各班成绩档案

班级	班主任	时间	最高名次	前5名	前10名	前20名	前30名	前50名	前80名	前100名	最低名次	总平名次
六	刘军慧	三期起点	1	2	4	11	17	25	35	40	135	59
		四期起点	1	2	4	11	14	24	37	42	141	64
		四期期初	1	3	5	9	15	26	35	41	141	63
七	刘兴	三期起点	3	2	5	8	12	21	34	41	131	58
		四期起点	3	2	5	8	15	23	35	42	142	60
		四期期初	4	2	6	10	14	23	37	42	138	60
八	范军	三期起点	2	1	1	1	1	4	11	19	134	93
		四期起点	5	1	1	1	1	3	8	16	139	101
		四期期初	15			1	1	1	9	17	140	94

备注:表3－20表3－21的分数段人数,起点根据总分的平均名次的排名,期初根据总分的平均分排名1,"总平名次"指该班所有学生各科平均名次的均值。

表 3-22　2013 届文科各班第四学期高考学科成绩档案

班级	时间	项目	语文		数学		英语		政治		历史		地理		总分排名	
			A	B	A	B	A	B	A	B	A	B	A	B	A	B
六	起点	均值	71	45	68	39	66	35	63	36	65	36	64	38	64	28
	期初	均值	68	45	68	37	62	34	58	29	71	41	63	34	63	26
		进退	3	0	−0	2	4	1	5	7	−6	−5	1	4	1	2
七	起点	均值	59	42	59	34	64	44	57	36	59	35	62	38	62	33
	期初	均值	61	33	61	33	60	32	60	38	54	32	60	42	60	28
		进退	−2	9	−1	1	4	12	−3	−2	5	3	2	−4	2	5
八	起点	均值	92	82	99	87	94.1	85	98	89	99	87	85	84	101	87
	期初	均值	89	77	95	79	104	95	95	84	95	85	101	94	103	89
		进退	3	5	4	8	−10	−9	3	5	4	2	−15	−10	−2	−2
年级均值	起点		55		53		54		52		52		52			48
	期初		52		50		54		50		52		57			48
	平均		53		51		54		51		52		54			48

表 3-23　理科各班第四学期高考学科成绩档案

班级	时间	项目	语文		数学		英语		物理		化学		生物		总分排名	
			A	B	A	B	A	B	A	B	A	B	A	B	A	B
一	起点	均值	118	97	129	98	118	105	129	91	121	82	120	91	120	79
	期初	均值	111	92	114	69	98	86	133	96	117	74	106	68	112	68
		进退	7	5	15	29	20	19	−4	−5	4	8	14	22	8	11
二	起点	均值	139	113	129	99	131	115	108	82	114	84	101	71	122	80
	期初	均值	130	97	118	86	137	114	89	58	103	83	98	76	113	75
		进退	9	16	11	13	−6	1	19	24	11	1	3	−6	9	5
三	起点	均值	56	47	47	28	45	28	53	29	54	33	49	24	38	16
	期初	均值	53	37	53	31	48	21	64	38	52	36	63	36	43	16
		进退	3	10	−6	−3	−3	7	−11	−9	2	−3	−15	−12	−5	−0
四	起点	均值	191	178	193	165	198	179	195	166	196	166	180	141	205	172
	期初	均值	199	180	204	175	200	185	187	153	191	163	184	148	210	178
		进退	−8	−2	−11	−10	−2	−6	8	14	5	3	−4	−6	−5	−6

班级	时间	项目	语文		数学		英语		物理		化学		生物		总分排名	
			A	B	A	B	A	B	A	B	A	B	A	B	A	B
五	起点	均值	183	158	201	178	199	182	204	176	213	190	201	175	217	189
	期初	均值	177	163	196	172	202	178	209	182	222	202	187	152	216	188
		进退	6	−5	5	6	−3	4	−5	−6	−9	−12	14	23	1	1
年级均值		起点		116		111		119		107		109		100		106
		期初		114		107		117		105		112		96		105
		平均		115		109		118		106		110		98		105

▲动态看进退,2013届第四学期期初各班进步较大的学科是:一班数学英语生物、二班物理、三班语文、四班物理、五班生物。

▲静态看实力,2013届第四学期各班培优最需要加油的科目是(静态看各班B项):一班物理、二班英语、三班物理、四班英语、五班化学,六班语文、七班地理、八班英语。

二、工作要求

(一)一切为了学生

1. 教学育人

★开好第一课堂——课内教育:奠定全面发展的基础。

★开活第二课堂——课外活动:提供特长发展的空间。

★开创第三课堂——校外培训:满足特殊教育的需求。

2. 管理育人

★课堂管理——确保人人拥有良好的学习状态。

★路队管理——确保时时拥有良好的精神风貌。

★食宿管理——确保天天拥有良好的生活环境。

★课余管理——确保处处拥有良好的成长氛围。

3. 服务育人

★牢固树立"教育即服务"的职业意识。

★切实履行服务育人的庄严使命,坚决杜绝乱收费、体罚、变相体罚等现象。

4. 活动育人

★认真纠正对于课外活动的认识偏差,支持学生参加各种健康有益的课余活动。

★积极开展形式多样的课外活动,为个性特长发展搭建舞台。

★努力构建促进课外活动开展的运行机制,包括时间、空间、形式、奖励等。

5.环境育人

★物质环境——求美:整齐、简洁、美观。

★人际环境——求和:和谐互助,和谐共赢,"和而不同"。

★文化环境——求雅:以高雅的文化(包括校训、校歌等)培育高雅的人才。

(二)为了一切学生

★要求:

1.正籍生与借读生不厚此薄彼。

2.优等生、中等生与后进生要一视同仁。

3.理科生、文科生、美术生、音乐生、体育生、传媒生、港澳生、国外生当因材施教。

表3-24 广东省2011年各类高考招生统计

批次	科 类	广东省	
		全省招生计划总数	各科类占计划数的比例
第一批	理科类	28754	73.8%
	文科类	10223	26.2%
	艺体类	38977	
第二批	理科类	99649	59.1%
	文科类	69050	40.9%
	艺体类	168699	
第三批	理科类	111109	42.5%
	文科类	150294	57.5%
	艺体类	261403	
合 计		469079	

表3-25　东莞市2011年各类高考上线率比较 ↗

层　次	理科类 （共9202人）		文科类 （共10312）		美术类 （共1079人）		音乐类 （共329人）		体育类 （共419人）	
	人数	比例	人数	比例	人数	比例	人数	比例	人数	比例
重点大学	1320	14%	763	7%	33	3%	31	9%	25	6%
本科以上	5106	56%	4369	42%	419	39%	195	59%	194	46%
专科以上	8118	88%	9073	88%	939	87%	306	93%	283	67%

★措施：

1. 舆论引领。

2. 布局调整。调整文理布局，开辟新的升学渠道（自主招生、传媒等），重视竞赛工作。

3. 教学规范。"严师出高徒"、"名师出高徒"。

4. 制度保障。

（三）为了学生一切

1. 为了学生顺利升学。知识积累（课内、课外）、能力培养（特别是说、写、算）、素质提升（文化素质、身体素质、心理素质）。

2. 为了学生健康成长。成人——成才——成功。

三、主要工作

1. 分类会议：学部召开表彰大会，各班召开分班分析会、学习经验交流会等。

2. 个别谈话：每个老师与本学科处于末位的学生深入交谈，提出整改要求。

3. 适度调整：对座位、床位、科代表等做出必要的适当的调整，发挥同伴互助功能，消灭内耗。

4. 备战会考：高二要提高对于会考学科的重视程度，确保课堂效率，按照"知识要点化，要点习题化，习题系列化"的要求提高备考质量，确保会考一次性过关。

高中教学质量分析报告之四

让课堂"动"起来

——2014届第二学期、2013届第四学期期中考试质量分析

一、成绩分析

（一）2014届成绩分析

表3-26 2014届第二学期理科各班成绩档案

班级	班主任	时间	最高名次	前5名	前10名	前20名	前30名	前50名	前80名	前100名	前120名	前150名	最低名次	总平名次
一	孙敏	起点	2	3	4	11	17	25	37	44	46	48	190	58
		期初	1	3	4	9	14	20	34	41	42	44	219	86
		期中	2	3	4	10	14	22	34	41	43	47	234	86
二	齐红新	起点	1	2	6	9	13	25	39	42	45	50	153	62
		期初	2	2	6	11	14	27	38	43	45	49	236	78
		期中	1	2	6	10	16	26	35	41	45	48	240	85
三	李德春	起点	62						1	3	5	12	265	186
		期初	29				1	1	2	4	7	18	264	165
		期中	65						2	3	9	14	273	167
四	马智	起点	93							3	4	10	262	193
		期初	76						1	4	8	11	266	173
		期中	62						2	6	8	14	263	164
五	罗光荣	起点	75						1	5	13	17	263	180
		期初	55						3	5	6	12	271	174
		期中	40					2	4	4	7	12	274	174
六	向家云	起点	64						2	3	7	13	259	188
		期初	27				1	2	2	4	12	16	269	165
		期中	40						3	5	8	15	272	165

▲ 期中比期初进步较大的：四班、五班

▲ 持续进步且幅度较大的：马智四班

表 3 - 27　2014 届第二学期文科各班成绩档案

班级	班主任	时间	最高名次	前5名	前10名	前20名	前30名	前50名	最低名次	总平名次
七	吴书亮	起点	1	3	5	10	15	26	104	60
		期初	3	1	3	10	13	25	110	61
		期中	1	5	7	11	16	29	108	57
八	彭仕剑	起点	4	2	5	10	15	24	106	60
		期初	1	4	7	10	17	26	109	56
		期中	6		3	9	14	21	110	61

▲期中比期初进步较大的：七班

表 3 - 28　2014 届文科各班第二学期高考学科成绩档案

班级	时间	项目	语文		数学		英语		政治		历史		地理		总分排名	
			A	B	A	B	A	B	A	B	A	B	A	B	A	B
七	起点	均值	63	40	63	40	62	46	59	41	58	36	56	33	60	29
	期初	均值	59	37	57	31	59	38	66	55	61	39	61	43	62	30
		进退	4	3	6	9	3	8	-7	-14	-2	-2	-4	-10	-2	-1
	期中	均值	64	45	57	26	55	33	59	32	58	33	59	34	58	24
		进退	-1	-5	6	14	7	13	0	9	0	3	-3	-1	2	5
八	起点	均值	59	41	59	38	58	44	60	40	60	39	62	44	60	31
	期初	均值	58	36	63	31	61	34	51	46	58	35	57	37	59	25
		进退	1	5	-4	7	-3	10	9	-7	2	4	5	7	2	6
	期中	均值	53	35	62	38	65	39	60	32	61	42	58	36	63	32
		进退	6	6	-3	0	-7	5	0	8	-1	-3	4	8	-3	-1
年级均值	起点		58	41	60	37	59	40	58	38	58	36	58	35	60	30
	期初		58	36	60	31	60	36	59	51	59	37	59	40	60	28
	期中		59	40	60	32	60	36	60	32	59	38	59	35	60	28
	平均		58	39	60	33	60	37	59	40	59	37	59	37	60	29

▲期中比期初进步较大的：八班语文，七班英语、数学。

▲持续进步且幅度较大的：孙仁俊八班语文，王晓红七班数学，刘忠玲七班英语。

表3-29　2014届理科各班第二学期高考学科成绩档案

班级	时间	项目	语文		数学		英语		物理		化学		生物		总分排名	
			A	B	A	B	A	B	A	B	A	B	A	B	A	B
一	起点	均值	90	79	80	63	80	57	87	68	75	61	71	40	59	27
	期初	均值	66	59	83	63	78	54	87	51	84	40	86	50	73	31
		进退	24	20	-3	0	2	3	0	17	-9	21	-15	-10	-14	-4
	期中	均值	83	67	100	63	73	51	95	64	88	52	64	25	67	28
		进退	7	12	-20	0	7	6	-8	4	-13	9	7	15	-8	-1
二	起点	均值	93	86	84	61	90	58	70	53	79	53	100	67	62	30
	期初	均值	90	75	74	45	91	58	66	50	62	40	71	55	61	25
		进退	3	10	10	16	-1	0	4	3	16	13	29	13	1	5
	期中	均值	103	100	67	33	86	48	67	41	67	48	79	58	66	26
		进退	-10	-14	17	28	4	10	3	12	12	5	21	9	-4	4
三	起点	均值	172	152	173	147	176	151	171	149	168	147	190	165	186	147
	期初	均值	153	135	189	165	176	145	167	143	170	128	176	133	179	137
		进退	20	17	-15	-18	0	6	4	6	-2	19	14	32	7	10
	期中	均值	160	149	161	126	167	145	178	165	156	121	197	164	182	143
		进退	12	3	12	21	9	6	-7	-16	12	26	-7	1	4	4
四	起点	均值	173	152	176	154	169	158	186	167	180	157	161	142	193	165
	期初	均值	185	167	162	131	150	126	188	166	189	154	173	138	188	152
		进退	-12	-16	14	23	20	32	-1	1	-9	3	-12	4	5	13
	期中	均值	152	124	153	125	168	143	184	159	191	156	166	138	181	142
		进退	21	28	23	29	1	15	2	8	-11	1	-5	4	12	23
五	起点	均值	167	140	178	152	180	171	166	140	171	129	182	142	186	151
	期初	均值	193	160	174	146	176	156	158	108	177	139	182	146	189	146
		进退	-26	-20	4	6	4	15	8	32	-6	-10	0	-4	-3	5
	期中	均值	177	131	184	150	181	155	158	129	172	132	200	165	191	146
		进退	-10	9	-6	2	-1	16	8	11	-1	-3	-18	-23	-5	5

班级	时间	项目	语文		数学		英语		物理		化学		生物		总分排名	
			A	B	A	B	A	B	A	B	A	B	A	B	A	B
六	起点	均值	174	165	185	158	179	163	171	152	185	169	164	145	195	162
	期初	均值	153	121	175	119	176	148	184	150	166	138	153	118	179	134
		进退	21	44	10	39	3	15	-12	2	19	32	11	26	16	28
	期中	均值	150	130	187	150	175	143	159	103	168	137	140	112	179	134
		进退	24	35	-2	8	4	20	12	49	17	32	24	33	16	28
年级均值	起点		137	123	138	119	139	121	132	113	138	115	137	109	139	110
	期初		137	120	139	111	138	114	138	111	138	107	138	107	140	104
	期中		135	117	139	108	138	114	137	110	137	108	139	110	140	103
	平均		136	120	139	113	138	116	136	111	138	110	138	109	140	106

▲期中比期初进步较大的:语文四班六班、数学二班三班四班、英语六班、物理六班五班、化学六班三班、生物六班二班。总分六班四班。

▲持续进步且幅度较大的:孙敏六班语文、张艳明二班四班数学、张际平六班英语、盛平一班英语、李德春三班英语、卢西二班物理、李幼红六班化学、向家云六班生物。

(二)2013 届成绩分析

表3-30 2013 届第四学期理科各班成绩档案

班级	班主任	时间	最高名次	前5名	前10名	前20名	前30名	前50名	前80名	前100名	前110名	前120名	最低名次	总平名次
一	李灿明	三期起点	6		1	1	1	5	13	21	27	30	214	113
		四期起点	9		1	1	1	5	13	24	28	31	217	119
		四期期初	10		1	2	2	8	18	23	26	31	201	112
		四期期中	3	1	1	1	3	7	16	22	26	29	220	115
二	何立丹	三期起点	9		1	2	2	4	11	20	22	27	219	117
		四期起点	16		0	1	1	3	15	22	26	33	212	115
		四期期初	9		1	1	3	4	14	26	33	37	206	110
		四期期中	7		1	1	2	4	16	23	29	34	221	116

班级	班主任	时间	最高名次	前5名	前10名	前20名	前30名	前50名	前80名	前100名	前110名	前120名	最低名次	总平名次
三	王明亮	三期起点	1	5	8	17	27	41	53	54			81	34
		四期起点	1	5	9	18	28	42	52	54			92	38
		四期期初	1	5	8	17	25	39	48	51	52	53	174	53
		四期期中	1	4	8	18	25	40	50	53	53	54	118	56
四	杨亮	三期起点	54						3	5	6	8	251	183
		四期起点	104						0	0	2	2	254	205
		四期期初	122						0	0	0	0	251	177
		四期期中	91						0	2	2	3	250	194
五	王法付	三期起点	102								1	1	254	206
		四期起点	134								0	0	253	214
		四期期初	135								0	0	254	192
		四期期中	123								0	0	249	186

▲期中比期初进步较大的是：三班、四班

表3－31　2013届第四学期文科各班成绩档案

班级	班主任	时间	最高名次	前5名	前10名	前20名	前30名	前50名	前80名	前100名	最低名次	总平名次
六	刘军慧	三期起点	1	2	4	11	17	25	35	40	135	59
		四期起点	1	2	4	11	14	24	37	42	141	64
		四期期初	1	3	5	9	15	26	35	41	141	63
		四期期中	1	2	4	9	16	24	33	40	138	64
七	刘兴	三期起点	3	2	5	8	12	21	34	41	131	58
		四期起点	3	2	5	8	15	23	35	42	142	60
		四期期初	4	2	6	10	14	23	37	42	138	60
		四期期中	2	3	5	10	12	23	38	43	132	59
八	范军	三期起点	2	1	1	1	1	4	11	19	134	93
		四期起点	5	1	1	1	1	3	8	16	139	101
		四期期初	15	0	0	1	1	1	9	17	140	94
		四期期中	6	0	1	1	2	3	9	17	136	94

▲期中比期初进步较大的是：八班

表3-32　2013届文科各班第四学期高考学科成绩档案

班级	时间	项目	语文		数学		英语		政治		历史		地理		总分排名	
			A	B	A	B	A	B	A	B	A	B	A	B	A	B
六	起点	均值	71	45	68	39	66	35	63	36	65	36	64	38	64	28
	期初	均值	68	45	68	37	62	34	58	29	71	41	63	34	63	26
		进退	3	0	0	2	4	1	5	7	-6	-5	1	4	1	2
	期中	均值	67	40	66	39	64	41	73	43	61	35	65	32	65	27
		进退	4	5	2	0	2	-6	-10	-7	4	1	-1	6	-1	1
七	起点	均值	59	42	59	34	64	44	57	36	59	35	62	38	62	33
	期初	均值	61	33	61	33	60	32	60	38	54	32	60	42	60	28
		进退	-2	9	-1	1	4	12	-3	-2	5	3	2	-4	2	5
	期中	均值	56	35	52	31	61	37	51	34	60	42	65	45	59	30
		进退	3	7	7	3	3	7	6	2	-1	-7	-3	-7	3	3
八	起点	均值	92	82	99	87	94	85	98	89	99	87	85	84	101	87
	期初	均值	89	77	95	79	104	95	95	84	95	85	101	94	103	89
		进退	3	5	4	8	-10	-9	3	5	4	2	-15	-10	-2	-2
	期中	均值	95	82	106	99	97	85	83	73	97	84	90	90	102	87
		进退	-3	0	-7	-12	-3	0	15	16	2	3	-5	-6	-1	0
年级均值	起点		71	55	72	53	72	54	69	52	71	52	71	52	73	48
	期初		71	52	73	50	73	54	69	50	71	52	72	57	73	48
	期中		71	53	72	56	72	54	68	50	71	54	72	52	73	48
	平均		71	53	72	53	72	54	69	51	71	53	72	54	73	48

　　▲期中比期初进步较大的是:语文六班七班、数学七班、英语七班、政治八班、地理七班。

表3-33 理科各班第四学期高考学科成绩档案

班级	时间	项目	语文		数学		英语		物理		化学		生物		总分排名	
			A	B	A	B	A	B	A	B	A	B	A	B	A	B
一	起点	均值	118	97	129	98	118	105	129	91	121	82	120	91	120	79
	期初	均值	111	92	114	69	98	86	133	96	117	74	106	68	112	68
		进退	7	5	15	29	20	19	-4	-5	4	8	14	22	8	11
	期中	均值	110	85	117	85	105	89	115	71	135	97	121	80	119	75
		进退	8	12	12	13	13	16	14	20	-14	-15	-1	11	1	4
二	起点	均值	139	113	129	99	131	115	108	82	114	84	101	71	122	80
	期初	均值	130	97	118	86	137	114	89	58	103	83	98	76	113	75
		进退	9	16	11	12	-6	1	20	24	11	1	3	-6	9	5
	期中	均值	131	104	117	76	130	125	110	76	97	64	102	68	113	74
		进退	8	9	12	23	1	-10	-2	6	17	20	-1	3	9	6
三	起点	均值	56	47	47	28	45	28	53	29	54	33	49	24	38	16
	期初	均值	53	37	53	31	48	21	64	38	52	36	63	36	43	16
		进退	3	10	-6	-3	-3	7	-11	-9	2	-3	-15	-12	-5	0
	期中	均值	58	48	56	29	49	29	64	36	52	21	52	34	41	16
		进退	-2	-1	-9	-1	-4	-1	-11	-7	2	12	-3	-10	-3	0
四	起点	均值	191	178	193	165	198	179	195	166	196	166	180	141	205	172
	期初	均值	199	180	204	175	200	185	187	153	191	163	184	148	210	178
		进退	-8	-2	-11	-10	-2	-6	8	14	5	3	-4	-6	-5	-6
	期中	均值	195	180	198	170	206	188	211	184	192	168	172	140	213	183
		进退	-4	-2	-5	-5	-8	-9	-16	-18	4	-2	8	1	-8	-11
五	起点	均值	183	158	201	178	199	182	204	176	213	190	201	175	217	189
	期初	均值	177	163	196	172	202	178	209	182	222	202	187	152	216	188
		进退	6	-5	5	6	-3	4	-5	-6	-9	-12	14	23	1	1
	期中	均值	179	153	202	176	196	181	182	168	214	196	195	165	211	184
		进退	4	5	-1	2	3	1	22	8	-1	-6	6	10	6	5

班级	时间	项目	语文		数学		英语		物理		化学		生物		总分排名	
			A	B	A	B	A	B	A	B	A	B	A	B	A	B
年级均值	起点		131	116	134	111	133	119	133	107	133	109	124	100	134	106
	期初		132	114	134	107	134	117	133	105	134	112	125	96	135	105
	期中		132	114	134	107	133	123	133	107	134	109	126	97	135	106
	平均		132	115	134	108	133	120	133	106	134	110	125	98	135	106

▲期中比期初进步较大的是:语文一班二班、数学二班一班、英语一班、物理一班五班、化学二班、生物五班,总分二班五班。

▲持续进步且幅度较大的:胡有训一班语文、王先荣二班数学、王明亮二班化学。

小结:

★高一期中质量考核:A项前三名分别是张艳明、孙　敏、王晓红;

B项前三名分别是张艳明、孙　敏、卢　西。

★高二期中质量考核:A项前三名分别是曾南生、王明亮、王海波;

B项前三名分别是曾南生、王明亮、张荣旺。

二、工作要求:让课堂"动"起来

随你什么样的课堂,学生不动,都不是好课堂!

——蔡林森

(一)原因(为什么)

1.当今课堂现状

2.新课改的要求

3.现代教育理论

美国学者、著名的学习专家爱德加·戴尔 1946 年首先发现并提出的学习金字塔理论。他通过研究采用不同的学习方式学习者在两周以后还能记住内容(平均学习保持率)的多少,构建了学习效果金字塔模型。

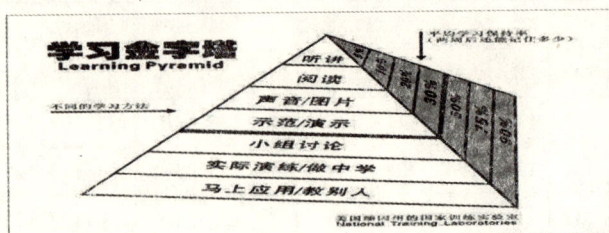

爱德加·戴尔提出,学习效果在30%以下的几种传统方式,都是个人学习或被动学习;而学习效果在50%以上的,都是团队学习、主动学习和参与式学习。

(二)含义(是什么)

1.让学生的感官"动"起来。

2.让学生的双手"动"起来。

3.让学生的嘴巴"动"起来。

4.让学生的思维"动"起来。

5.让教学的过程"动"起来。

(三)方法(怎么办)

1.树立与新课改相适应的现代教育理念是"让课堂'动'起来"的前提。

2.创设民主平等、和谐宽松的新型师生关系是"让课堂'动'起来"的基础。

3.多种教学媒体的巧妙运用是"让课堂'动'起来"的抓手。

4.落实"五有十性"教学要求是"让课堂'动'起来"的保障。

三、后期主要工作

1.家长会:5月25日(周五)下午。

2.会考备考工作。从2013届开始设立会考奖,会考奖与老师工作量及会考成绩挂钩,各班高考上线数的确认与会考成绩挂钩。

3.英语歌咏比赛:第17周。

4.学生评教工作。

5.晚自习要求:晚自习均不得讲课,极特殊情况需要讲课的必须经过教学处同意。

6.合同续签与竞岗工作。

7.招生工作。

高中教学质量分析报告之五

认真落实"五有十性",不断提高教学效率

——高2014届第五学期期初考试成绩分析与工作要求

一、成绩分析

表3-34 各班目标达成情况(依据惠州预测分数线计算达成数,未含口语成绩)

科类及分数线		理科(552/427/272)							文科(586/464/252)			年级
班 级		一	二	三	四	五	六	小计	七	八	小计	
考试人数		43	50	38	37	38	43	252	45	50	95	347
重点本科	目标数	18.5	17.5	0.5	0.5	0.5	0.5	38	2	1	3	41
	期初达成数	22	17	0	1	0	1	41	2	0	2	43
本科以上	目标数	43	47	21	20	19	20	170	25	25	50	220
	期初达成数	40	47	17	22	22	30	178	30	24	54	232
专科以上	目标数	46	50	38	37	35	41	247	54	51	105	352
	期初达成数	43	50	37	36	36	41	243	44	46	90	333
班主任		孙	齐	李	刘	卿	向		吴	彭		刘育卿
班级层次		理科实验班		理科平行班					文科平行班			

★表扬:理科六班、四班、一班,文科七班。

表3-35 文科有效分人数统计表

班级	时间	总目标数		总达成数		各科有效分实有人数												
						语文		数学		英语		政治		历史		地理		
		重本	本科	重本	本科	重本	本科	重本	本科	重本	本科	重本	本科	重本	本科	重本	本科	
七	三期初	2	27	2	30	0	26	1	27	2	26	0	27	1	20	1	23	
八	三期初	1	25	0	24	0	18	0	18	0	20	0	11	0	15	0	16	
文科	三期初	3	52	2	54	0	44	1	45	0	46	0	38	1	35	1	39	
有效分	三期初			586	464	116	100	131	99	115	84	85	65	84	63	83	64	

"总目标数"指我校下达的各班升学目标,"总达成数"指根据惠州划定的分数

线计算出的各班实际上线人数,它也是各科有效分的应有人数。"各科有效分实有人数"指"总达成数"中各科达到该科有效分的人数,即"双上线"人数。(理科同)

表3-36　文科各班第五学期各科成绩档案

班级	时间	项目	语文 A	语文 B	数学 A	数学 B	英语 A	英语 B	政治 A	政治 B	历史 A	历史 B	地理 A	地理 B	总分排名 A	总分排名 B
七		三期起点	63	44	57	28	58	36	58	32	60	33	60	32	58	25
		四期起点	62	44	64	33	61	38	52	25	57	27	54	26	59	24
		五期起点	62	43	62	34	58	39	53	28	60	31	55	31	59	29
	期初	均值	53	35	60	34	59	43	50	27	58	31	56	32	56	27
		进退	9	8	2	0	-1	-4	3	1	2	0	-1	-1	3	2
八		三期起点	57	40	64	39	64	38	61	36	60	38	58	38	63	32
		四期起点	56	34	56	35	58	31	67	41	61	37	63	40	62	31
		五期起点	59	33	59	39	63	41	67	45	62	41	66	47	63	37
	期初	均值	65	45	60	44	62	45	68	51	61	46	61	45	65	43
		进退	-6	-12	-1	-5	1	-4	-1	-6	1	-5	5	2	-2	-6
五期年级平均		起点	61	38	61	37	61	40	60	37	61	36	61	39	61	33
		期初	59	40	60	39	61	44	59	40	60	39	59	38	61	35
		平均	60	39	60.5	38	61	42	59.5	38.5	60.5	37.5	60	38.5	61	34

表3-37　理科有效分人数统计表

班级	时间	总目标数 重本	总目标数 本科	总达成数 重本	总达成数 本科	语文 重本	语文 本科	数学 重本	数学 本科	英语 重本	英语 本科	物理 重本	物理 本科	化学 重本	化学 本科	生物 重本	生物 本科
一	三期初	18.5	43	22	40	9	37	12	40	19	40	12	35	10	39	12	38
二	三期初	17.5	47	17	47	7	43	13	44	8	46	7	40	8	42	7	41
三	三期初	0.5	21	0	17	0	14	0	9	0	13	0	9	0	9	0	9
四	三期初	0.5	20	1	22	0	14	1	15	1	19	0	7	0	10	0	14
五	三期初	0.5	19	0	22	0	16	0	21	0	20	0	17	0	14	0	12
六	三期初	0.5	20	1	30	0	26	0	19	1	29	1	19	1	13	1	24
理科	三期初	38	170	41	178	16	150	26	148	28	167	20	127	19	127	20	138
有效分	三期初			552	427	111	97	123	92	109	80	77	48	85	61	74	54

表3-38 理科各班第五学期各科成绩档案

班级	时间	项目	语文		数学		英语		物理		化学		生物		总平排名	
			A	B	A	B	A	B	A	B	A	B	A	B	A	B
一	三期起点		72	70	84	55	73	50	84	49	82	49	67	38	62	28
	四期起点		76	62	78	50	69	48	87	54	86	54	67	51	60	28
	五期起点		66	49	69	38	62	40	89	55	82	50	53	35	57	27
	期初	均值	79	71	75	48	74	43	88	40	66	37	64	43	59	26
		进退	-13	-22	-6	-10	-12	-3	1	15	16	13	-11	-8	-2	1
二	三期起点		94	95	74	36	89	61	64	39	61	41	76	55	60	26
	四期起点		94	94	81	42	99	64	61	36	63	34	93	74	63	28
	五期起点		82	77	80	36	96	61	59	35	57	32	86	61	63	32
	期初	均值	95	73	85	41	102	67	84	47	75	42	82	59	73	34
		进退	-13	4	-5	-5	-6	-6	-25	-12	-18	-10	4	2	-10	-2
三	三期起点		155	139	177	154	168	140	178	158	167	134	186	152	190	157
	四期起点		180	162	188	175	180	162	185	169	174	146	189	157	198	170
	五期起点		177	151	187	168	184	149	181	157	182	157	191	162	194	164
	期初	均值	157	142	192	169	178	156	182	158	178	153	182	160	198	173
		进退	20	9	-5	-1	6	-7	-1	-1	4	4	9	2	-4	-9
四	三期起点		170	153	158	125	154	129	187	164	188	161	164	133	186	152
	四期起点		163	140	171	137	157	127	207	191	200	175	165	139	194	162
	五期起点		180	155	170	143	156	130	206	181	218	196	179	152	199	172
	期初	均值	171	162	173	139	160	140	199	170	182	153	162	138	190	160
		进退	9	-7	-3	4	-4	-10	7	11	36	43	17	14	9	12
五	三期起点		184	144	171	137	179	160	155	121	170	133	188	153	190	149
	四期起点		180	151	156	122	177	156	145	104	155	114	180	141	175	126
	五期起点		200	171	171	128	186	163	155	105	157	105	190	158	181	135
	期初	均值	184	169	157	119	172	160	144	109	176	138	192	162	179	141
		进退	16	2	14	9	14	3	11	-4	-19	-33	-2	-4	2	-6

班级	时间	项目	语文		数学		英语		物理		化学		生物		总平排名	
			A	B	A	B	A	B	A	B	A	B	A	B	A	B
六	三期起点		154	136	183	142	178	147	168	126	173	141	147	107	182	136
	四期起点		144	125	177	138	172	148	168	129	175	133	147	108	176	131
	五期起点		155	127	184	146	172	154	176	144	170	138	136	100	173	133
	期初	均值	150	127	172	132	172	159	156	122	179	143	135	113	171	130
		进退	5	0	12	14	0	−5	20	22	−9	−5	1	−13	2	3
五期年级平均	起点		141	122	141	110	141	116	141	113	141	113	137	111	141	110
	期初		136	124	140	108	140	121	138	108	139	111	133	113	141	111
	平均		139	123	141	109	141	119	140	111	140	112	135	112	141	111

二、工作要求——认真落实"五有十性",不断提高教学效率

(一)关于课堂效率

1.如何落实"脑中有考纲"

必须清楚该知识点在考纲中是怎么要求的,最近几年高考是怎么考查的,有哪些经典的考题。然后思考怎么样将这些经典的考题考查的内在的东西巧妙地整合为自己的教学资源。

2.如何落实"心中有教材"

必须要有系统意识、整合意识。

如果把新授课看成一个一个的点,那么,第一轮复习就是连点成线,第二轮复习就是连线成面,第三轮复习就是连面成体。

教材不等于课本,而应该是:复习课教材＝课本＋教辅＋各种考题考查的实质＋学生暴露的问题及解决办法

3.如何落实"眼中有学生"

如果新授课的时候可以把所有学生都看成一张白纸,那么复习课的时候每个学生都不是一张白纸了。

新授课可以更多地关注知识,复习课必须更多地关注学生。

先练后讲,先阅后讲是"眼中有学生"的最有效的途径。

关注学生的需求,满足学生的需要,而不是仅仅为了完成老师自己的教学任务——这才是"眼中有学生"的精髓。

4.如何落实"耳中有信息"

教师要立足书本世界放眼生活世界，学生才能了解生活世界回归书本世界。

要做备考的有心人，关注教辅世界、考卷世界、媒体世界，巧妙地将大千世界的各种有价值的信息整合为备考的教学资源。

5.如何落实"手中有绝活"

第一，真正吃透考纲。

第二，真正看透学生。

第三，真正把握复习课、评卷课等课型特点，上出复习课、评卷课的特点来。

第四，有效利用各种教学手段，真正解决好教学的速度问题、容量问题、效率问题等。

6.如何落实"十性"

预设性、生成性、自主性、合作性、探究性、基础性、启发性、生动性、特色性、实效性。

（二）关于练习效率

基本原则：选择性训练；基本模式：1+X；基本程序：教师先做，学生后做。

（三）关于辅导效率

对象的确定：本学期重点是末位生（尤其是重本目标生和本科目标生中的末位生），下学期重点是临界生。特殊类考生。

时间的安排：班主任统筹，见缝插针。

方式的选择：教师补、作业补、同伴补、职位补、座位补、床位补。

三、近期重点工作

1.会议：11月13日（周三）晚教师会。11月14日晚学生大会。11月15日下午家长会。各班、各科、各类分析会。

2.表彰：学部在学生大会上表彰奖励；建设高三宣传走廊；张贴光荣榜。各班再进行总结表彰鼓励。

3.谈心：每个教师与重点学生（尤其是没有达到有效分的目标生）做一次详谈。

4.周测：注重基础，照应进度，反馈及时，辅导跟上。

5.反思：客观、辩证地看待试卷与分数，认真查找备考中的问题与不足，戒骄戒躁,力争更好。

6.联招:熟悉政策,以考定教,讲练结合,确保优生。

7.计时:板书"距期中考试仅有 x 周"。

高中教学质量分析报告之六

正确处理十大关系　　不断提高备考效率

——高 2013 届第五学期期中考试成绩分析与工作要求

一、成绩分析

表 3 - 39　各班目标达成情况(纯文科或纯理科,不含港澳台等特殊类别。依据"平均名次排名"):

类　别		文　科			理　科						合计
班　次		六	七	小计	一	二	三	四	五	小计	
考试人数		47	47		53	51	48 - 2	39	45		
重点本科	目标数	1	1		4	6	38				50
	期初达成数	1	1	2	3	6	39			48	
	期中达成数	1	1		5	6	37				
本科以上	目标数	32	32		48	47	47	11	11		228
	期初达成数	31	33	64	47	47	46	11	13	164	
	期中达成数	32	32		49	46	46	11	12		
专科以上	目标数	47	46		53	51	38	39	42		326
	期初达成数	46	47	93	53	51	46	38	45	233	
	期中达成数	46	47		53	51	46	39	44		
班主任		刘军慧刘　兴			李灿明何立丹王明亮杨　亮王法付						王学斌

备注:以纯文科、纯理科总目标数为依据计算各班达成情况,即在假定年级总目标刚好完成的情况下看各班目标完成情况。

表 3-40　文科各班第五学期成绩档案

班级	时间	项目	语文		数学		英语		政治		历史		地理		总平名次	
			A	B	A	B	A	B	A	B	A	B	A	B	A	B
六	起点	均值	53.7	34.9	54.0	30.9	52.5	32.2	53.2	30.1	54.1	32.9	49.9	30.4	50.3	26.0
	期初	均值	49.2	28.2	52.7	32.5	52	33.3	51.2	32.9	46.1	28.4	50	27.7	48.2	23.4
		进退	4.5	6.7	1.3	-1.6	0.5	-1.1	2	-2.8	8	4.5	-0.1	2.7	2.1	2.6
	期中	均值	50.4	31.9	50.4	30.9	52	32.6	46.8	28.8	45.8	30.9	46.4	29.6	46.1	22.8
		进退	3.3	3	3.6	0	0.5	-0.4	6.4	1.3	8.3	2	3.5	0.8	4.2	3.2
七	起点	均值	47.2	30.5	46.9	28.3	49.3	31.6	47.6	31.1	46.7	29.5	51.2	34.7	45.5	24.9
	期初	均值	49.1	39.7	47.2	28.8	47.6	31.7	47.7	31.3	53.2	37.7	47.8	29.6	47.8	27.6
		进退	-1.9	-9.2	-0.3	-0.5	1.7	-0.1	-0.1	-0.2	-6.5	-8.2	3.4	5.1	-2.3	-2.7
	期中	均值	47.9	37.2	49.6	32.2	48.3	32.3	52.5	33.4	52.6	37.4	50.3	36.9	48.8	28.4
		进退	-0.7	-6.7	-2.7	-3.9	1	-0.7	-4.9	-2.3	-5.9	-7.9	0.9	-2.2	-3.3	-3.5
年级均值	起点			32.7		29.6		31.9		30.6		31.2		32.6		25.5
	期初			34		30.6		32.5		32.1		33.1		28.6		25.5
	期中			34.6		31.5		32.5		31.1		34.1		33.2		25.6
	平均			33.8		30.6		32.3		31.3		32.8		31.5		25.5

注:1."起点"是根据上学期三次大型考试剔除港澳台学生之后重新计算的平均成绩计算的本学期的起点成绩,A 为该科全班平均名次,B 为班上总成绩前 25 名学生该科平均名次,"总平名次"指该班所有学生各科"平均名次排名"的平均值。

2.该表与质量考核的数据不尽一致。

表 3-41　文科尖子生与上届五期期中考试平均分比较(本届英语含听力成绩)

学科	语文		数学		英语		政治		历史		地理		总分		550分以上	
届别	12届	13届	12届	13届	12届	13届	12届	13届	12届	13届	12届	13届	12届	13届	12届	13届
最高分	123	128	132	132	105	137	90	90	96	79	92	86	569	609		
A 前10名平均	114	122	116	112	98	127	81	83.7	81	73.6	84	81.9	530	562	4	7
B 总平均分	99	105	82	68	71	96.2	64	60.7	66	49.2	60	48.3	435	449		
优生领先A-B	15	17	34	44	27	30.8	17	23	15	24.4	24	33.6	95	113		

☆本届 550＋(449－435)＋10＝574 分以上 3 人。

☆各科优生领先于全年级平均分的幅度均超过上届。

表3-42　理科各班第五学期成绩档案

班级	时间	项目	语文 A	语文 B	数学 A	数学 B	英语 A	英语 B	物理 A	物理 B	化学 A	化学 B	生物 A	生物 B	总分排名 A	总分排名 B
一	起点	均值	104.7	89.4	105.4	74.0	90.9	76.5	106.2	71.9	112.8	76.4	108.2	71.5	100.2	66.1
	期初	均值	99.4	81.7	118.2	87.4	98.1	76.9	104.1	76.1	116.8	82.8	116.8	82.3	104.3	67.6
		进退	5.3	7.7	-12.8	-13.4	-7.2	-0.4	2.1	-4.2	-4	-6.4	-8.6	-10.8	-4.1	-1.5
	期中	均值	93.5	76.6	117	85.2	91.4	81.7	109	77.5	109	70.9	111	83	100.2	64.2
		进退	11.2	12.8	-12	-11	-0.5	-5.2	-2.8	-5.6	3.8	5.5	-2.8	-11.5	0	1.9
二	起点	均值	115.8	95.8	101.3	67.2	117.0	102.5	88.9	57.8	92.0	62.4	93.6	64.5	96.1	64.8
	期初	均值	124.9	119.2	94.7	52.7	111.8	98.7	103.3	66.9	98.5	60.2	96.1	67.6	99.7	64.8
		进退	-9.1	-23.4	6.6	14.5	5.2	3.8	-14.4	-9.1	-6.5	2.2	-2.5	-3.1	-3.6	0
	期中	均值	121	105	102	58.7	122	112	96.5	60.5	93.8	58.8	91.3	63.1	98.7	62.3
		进退	-5.2	-9.2	-0.7	8.5	-5	-9.5	-7.6	-2.7	-1.8	3.6	2.3	1.4	-2.6	2.5
三	起点	均值	42.9	25.5	41.2	24.1	39.2	20.8	53.5	33.8	40.2	26.2	44.4	23.1	30.8	13.3
	期初	均值	38.2	25.7	46.9	28.5	42.6	23.8	53.8	34.2	37.4	21.8	37.7	22.9	30.6	14.2
		进退	4.7	-0.2	-5.7	-4.4	-3.4	-3	-0.3	-0.4	2.8	4.4	6.7	0.2	0.2	-0.9
	期中	均值	60.1	32	48.4	27.6	38.4	22.3	50.4	25.4	45.8	25.8	43.4	26.1	33.4	14.1
		进退	-17	-6.5	-7.2	-3.5	0.8	-1.5	3.1	8.4	-5.6	0.4	1	-3	-2.6	-0.8
四	起点	均值	183.2	164.9	177.6	155.9	187.4	177.5	180.9	159.1	166.6	142.4	175.2	152.4	182.9	162.8
	期初	均值	182.1	169.6	173.4	153.4	187	175	182.8	162.3	166.1	143.2	168	143.1	185.7	166.6
		进退	1.1	-4.7	4.2	2.5	0.4	2.5	-1.9	-3.2	0.5	-0.8	7.2	9.3	-2.8	-3.8
	期中	均值	177	158	166	145	190	180	183	165	166	145	172	145	186.1	167.3
		进退	6.2	6.9	11.6	10.9	-2.6	-2.5	-2.1	-5.9	0.6	-2.6	3.2	7.4	-3.2	-4.5
五	起点	均值	161.9	143.1	184.0	164.4	176.3	157.2	181.3	156.6	196.6	175.8	188.2	165.6	186.1	164.5
	期初	均值	155	137	176.2	148.6	170.3	152.1	165	130.4	187.5	166	188.6	169.1	182.8	158
		进退	6.9	6.1	7.8	15.8	6	5.1	16.3	26.2	9.1	9.8	-0.4	-3.5	3.3	6.5
	期中	均值	149	126	172	143	173	149	171	141	193	173	190	170	185.6	162.4
		进退	12.9	17.1	12	21.4	3.3	8.2	10.3	15.6	3.6	2.8	-1.8	-4.4	0.5	2.1
年级平均	起点			103.7		97.1		106.9		95.8		96.6		95.4		94.3
	期初			106.6		94.1		105.3		94		94.8		97		94.2
	期中			99.5		91.9		109		93.9		94.7		97.4		96.9
	平均			103		94.4		107		94.6		95.4		96.6		95.1

☆ 期中进步较大的有：一班语文、化学，二班生物，三班物理，四班数学、语文、生物，五班数学、语文、物理。

☆ 就年级而言,英语、语文的培优力度需继续加大。

表3-43 理科尖子生与上届五期期中考试比较(本届英语含听力成绩)

学科	语文		数学		英语		物理		化学		生物		总分		600分以上	
届别	12届	13届	12届	13届	12届	13届	12届	13届	12届	13届	12届	13届	12届	13届	12届	13届
最高分	124	125	139	132	121	143	96	100	100	100	94	99	647	677	11	31
A前40名平均	115	119	118	115	105	133	87	94	94	91.6	81	92	580	623		
B总平均分	98	104	81	82.7	74	100	63	65.1	66	56.1	60	67.7	448	485		
优生领先A-B	17	15	37	32.3	31	33	24	28.9	28	35.5	21	24.3	132	138		

☆本届600+(485-448)+10=647分以上共7人。

☆本届理科班的化学、物理优生比上届稍好,但是数学优生不如上届。

表3-44 末位学科人数统计比较表(A为该科全班末位人数,B为该班总分前25名学生该科末位人数)

班级	时段	语文		数学		英语		物理/政治		化学/历史		生物/地理	
		A	B	A	B	A	B	A	B	A	B	A	B
一	起点	14	8	10	5	3	2	8	4	13	4	4	2
	期初	13	5	8	5	10	6	8	4	7	3	7	2
	期中	9	6	12	4	7	5	9	5	5	1	11	4
二	起点	19	10	6	2	16	9	4	1	3	1	3	2
	期初	17	11	7	1	10	7	12	5	4	0	1	1
	期中	16	9	8	2	18	12	4	1	3	1	1	1
三	起点	11	6	8	4	6	2	9	6	5	3	7	4
	期初	8	5	9	4	9	5	15	8	2	2	3	1
	期中	12	6	9	4	5	4	6	3	9	5	5	3
四	起点	11	7	6	5	12	8	6	3	1	0	4	2
	期初	9	7	4	2	8	6	10	8	4	1	4	1
	期中	10	6	5	2	11	9	8	5	2	1	3	1
五	起点	5	3	7	6	7	4	6	3	13	7	7	3
	期初	5	3	6	4	11	6	5	2	7	3	11	7
	期中	7	4	8	6	8	6	4	1	12	6	6	2

班级	时段	语文		数学		英语		物理/政治		化学/历史		生物/地理	
		A	B	A	B	A	B	A	B	A	B	A	B
六	起点	9	5	6	3	8	5	7	3	12	4	7	5
	期初	10	3	9	6	9	6	7	3	5	3	8	4
	期中	8	4	5	4	13	6	7	5	9	5	6	3
七	起点	8	4	6	4	8	5	5	1	7	3	12	8
	期初	8	7	5	2	8	4	8	3	13	6	5	3
	期中	12	9	5	2	5	2	8	4	10	4	5	7
年级平均		11	6.1	7	4	8.6		6.4	3	7.7	3.1	6.3	3.7
		10	5.9	6.9	3.4	9.3	5.7	9.3	4.7	6	2.6	5.6	2.7

☆各班补缺任务最为艰巨的学科是：一班语文、二班英语、三班语文、四班英语、五班化学、六班英语、七班语文。

二、工作要求——正确处理十大关系

（一）三轮复习之间的关系

三轮复习要做到整体规划，分步实施。

目前要扎扎实实地搞好第一轮复习，严格按照考纲的体例构建起完整的知识体系，眼光向下，夯实基础。

第一轮复习的同时要适度穿插。要做好第二轮复习的各项准备。

一轮复习依据并整合教材，二轮复习整合并超越教材，三轮复习超越并回归教材。

新课教学是一个一个的点，一轮复习要连点成线，二轮复习连线成面，三轮复习连面成体。

（二）考纲、考卷、课标、教材（教辅）之间的关系

考纲、考卷主要解决"考"的问题，课标、教材（教辅）主要解决"教"的问题。四者之中"考纲"是指挥棒。

坚持"考纲优先"，根据考纲构建并完善知识体系（第一轮），根据考纲确定并突破重点专题（第二轮）。

新高考的"新"不只是新在模式，主要是新在理念，而这种理念主要体现在各科的课程标准之中，高考考纲及考卷无一例外地都要体现新课程的理念，反映本学科新课程标准的整体要求。对于新课程，我们必须明确目标上的三个维度，内容上的

三个世界，把握在考试方面的三个新的特点："限难、放活、求新"。

省考试院院长："要……命制符合新课程改革实际，富有广东特色，满足高校选拔招生需要的高质量试题。"

以考纲上的考点为顺序，以教材里的知识点为载体。将教材作为夯实基础，形成能力的载体，但不是唯一的载体。

（三）平时练习、双周检测与大型考试的关系

构建三级检测体系：大型考试高中部组织，双周检测年级组督促，专项测试（限时训练）备考组实施。

级组检测要在同步性的基础上体现仿真性，大型考试要在仿真性的基础上体现同步性。所有试题都要体现基础性、时代性、地域性。

练要追求准确度（精选试题）、熟练度（限时训练）、新颖度（新材料新情景）、舒适度（享受到摘到桃子的喜悦）。

有讲必练（考），有练（考）必评。老师先做，学生后考。

必须坚决杜绝不批改作业的现象。

（四）三大科与综合科以及综合科内部各科之间的关系

三大科影响能否考上，综合科影响能否考好，两手都要抓，两手都要硬。

各科总体要求是：语文求"大"，数学求"多"，英语求"广"，综合求"精"。

三大科要在追求系统性的基础上强化主干性，综合科要在追求主干性的基础上体现系统性。

综合科并非综合实力拼盘，因此综合科的成败取决于各个单科的成败，要重点关注期末统考成绩、"一模""二模"成绩，将"一模"（或"二模"）单科成绩作为综合科教师教学质量评价和高考奖金分配的主要依据。

（五）知识传授与能力培养的关系

知识是基础，能力是关键；知识是命题的外在形式，能力是考查的内在要求。

每讲解一个知识点，每命制一个检测题，都必须具有明确的能力意识。

既要重视本学科考纲要求的能力，也要重视各个学科都应该关注的基本的应试能力，如书写能力、表达能力、计算能力等。

能力不是"讲"出来的，能力是"练"出来的。

（六）讲与练、课内与课外的关系

讲与练都要突出一个"精"字。老师的"讲"要博观约取，厚积薄发；学生的"练"要分层要求，快速反馈。

"讲"要理论联系实际，"练"要实际回归理论。"讲"要从书本世界到生活世界，"练"要从生活世界到书本世界。"讲"要结合"练"中发现的问题，"练"要反映"讲"中体现的实质。

"讲"要追求高效，"练"要练得高兴。

"练"可以在课内也可在课外，但是"讲"只能在课内，早晚自习均不得讲课。

要千方百计提高复习课、评卷课的质量。

（七）均衡发展与重点发展的关系

要努力追求高考六个学科的均衡发展，解决明显的"短板"现象。

要努力实现学生身心和谐发展，确保可持续的发展后劲。

要在六个学科均衡发展的基础上实现重点发展：不均衡的学生重点是解决"短板"，均衡的学生重点是加长"长板"。

学科均衡发展的前提是摸清学生现状，措施是个别辅导。

（八）面向全体与因材施教的关系

"面向全体"是人品，"因材施教"是水平。

课内主要是面向全体，课外主要是面向个体。

"因材施教"的前提是"因"，关键是"施"。

特优生要打造优势学科，目标生要狠抓末位学科。

重视各个特殊类别学生的备考工作。

（九）单一教学媒体与多种教学媒体的关系

各种媒体各有妙处，合理使用相得益彰。

合理有效地使用多种教学媒体，有利于加快节奏、增大容量、降低疲劳、提高兴趣。

静态呈现宜用 PPT，过程展现宜用粉笔板书。

（十）个人努力与团体作战的关系

无论学生还是教师都要发扬团队精神。

学生之间没有根本的利害冲突——因为不是把名额分到学校，而是与全省几十万考生竞争。

教师之间没有根本的利害冲突——都是为了提高我们学校的竞争实力,都能够从别人的成绩中获得实惠。

个人要使出全力,团队要形成合力。

高三教师理应比其他年级付出更多。

每个人的开阔胸襟是形成和谐团队的基础,在要求别人做到之前首先自己做到。

综合科更需要团队作战。

复习课更需要团队作战。

三、重点工作

1. 班科联系会。重点研究特优生、临界生、末位生、退步生的备考对策。

2. 优生表扬与经验交流。

3. 全力备战期末统考。启动期末考试倒计时,板书:"距期末考试仅有 x 周"。

4. 高考报名工作。

5. 自主招生工作。

6. 特殊考试的辅导工作。

高中教学质量分析报告之七

当务之急是"重本"

——东莞南开高中 2014 届五期期末统考分析与反思

表 3-45　各班目标达成情况(根据市统考预测分数线及各班总分达线人数。纯文或纯理,不含港澳台、体艺传等特殊类别)

科　类		文科			理科						市局目标	
班　次		六	七	小计	一	二	三	四	五	小计	目标	达成
重点本科 文563 理565	校目标	1	1	2	4	6	38			48	26	26
	达成数	0	0	0	4	1	21			26		

科　类		文科			理科						市局目标	
本科以上线 文 462 理 430	校目标	32	32	64	48	47	47	11	11	164	158	176
	达成数	18	17	35	42	43	46	5	5	141		
专科以上 文 279 理 266	校目标	47	46	93	53	51	48	39	42	233	300	304
	达成数	45	44	89	53	51	46	29	36	215		
班主任		刘军慧刘　兴			李灿明	何立丹	王明亮杨		亮王法付		王学斌	

分析:整体上全面完成了市局下达的高考目标,但是,重本人数还是嫌少,所以:

年级当务之急——抓重本。

重本当务之急——抓临界:理科 530 以上共有 53 人,文科 510 分以上共有 9 人,都有希望上重本。

临界当务之急——抓有效,即重点抓临界生中没有达到有效分的学生。见表 3 -46

有效当务之急——抓辅导。

表 3 - 46 　2012 届五期期末惠州数与高考实际上线数之比较

		重点本科	二 A 以上	二 B 以上	三 A 以上	三 B 以上
纯文科	五期达线数	4		69		102
	高考上线数	3	26	68	95	110
纯理科	五期达线数	39		157		216
	高考上线数	52	127	163	187	216
高考各类上线总计		67	176	260	319	377

表 3 - 47 　2013 届五期统考重本有效分及各班达到有效分人数统计

	理科重本							文科重本			
	有效分	一	二	三	四	五	小计	有效分	六	七	小计
语文	108	5	3	11	1	1	21	111	1	0	1
数学	116	7	6	29	1	0	43	115	1	2	3
英语	105	7	3	28	0	0	38	108	1	1	2
物理/政治	81	11	9	21	0	1	42	76	5	5	10

	理科重本							文科重本			
化学/历史	79	10	7	29	1	4	51	76	6	3	9
生物/地理	76	10	8	25	0	0	43	77	2	5	7
综合	236	8	7	22	0	0	37	229	0	2	2
小计(不含综合)		50	36	143	3	6	238		16	16	32

如果将理科 530 分以上共 53 人,文科 510 分以上共 9 人作为重本目标生,那么没有一个学科有效分的人数超过了目标生的人数,接下来的工作应该是,立即弄清楚理科总分 530 分以上和文科总分 510 分以上学生中哪些学科没有达到有效分,凡是没有达到有效分的学科就是补缺的重点,也是超额完成重本目标的唯一希望。因此,每个老师务必及时拿出个性化的培优办法,并提交各班"保重"碰头会。会议时间一律安排在接下来的每天晚上 7 点开始:22 日二班、23 日文科班、24 日三班、25 日一班。

表 3-48　理科各班第五学期成绩档案

班级	时间	项目	语文		数学		英语		物理		化学		生物		总分排名	
			A	B	A	B	A	B	A	B	A	B	A	B	A	B
一	起点	均值	105	89.4	105	74	90.9	77	106	71.9	113	76	108	72	100	66
	期初	均值	99	81.7	118	87.4	98.1	77	104	76.1	117	83	117	82	104	68
		进退	5.3	7.7	-13	-13	-7	-0	2.1	-4	-4	-6	-9	-11	-4	-2
	期中	均值	94	76.6	117	85.2	91.4	82	109	77.5	109	71	111	83	100	64
		进退	11.2	12.8	-12	-11	-0.5	-5.2	-2.8	-5.6	3.8	5.5	-2.8	-12	0	1.9
	期末	均值	88.6	63.3	109	76.8	98.2	75.1	105	66.3	113	69	105	71	103	60.5
		进退	16.1	26.1	-3.6	-2.8	-7.3	1.4	1.2	5.6	-0.2	7.4	3.2	0.5	-3	5.6
二	起点	均值	116	95.8	101	67.2	117	103	88.9	57.8	92	62	93.6	65	96.1	65
	期初	均值	125	119	94.7	52.7	112	99	103	66.9	98.5	60	96.1	68	99.7	65
		进退	-9	-23	6.6	14.5	5.2	3.8	-14	-9	-7	2.2	-3	-3	-4	0
	期中	均值	121	105	102	58.7	122	112	96.5	60.5	93.8	59	91.3	63	98.7	62
		进退	-5.2	-9.2	-0.7	8.5	-5	-9.5	-7.6	-2.7	-1.8	3.6	2.3	1.4	-2.6	2.5
	期末	均值	124	103	118	85.8	119	109	99.5	67.5	95.6	73.1	98.5	69	106	73.9
		进退	-8.2	-7.2	-16.7	-18.6	-2	-6.5	-10.6	-9.7	-3.6	-11	-4.9	-4.5	-9.4	-9.1

班级	时间	项目	语文 A	语文 B	数学 A	数学 B	英语 A	英语 B	物理 A	物理 B	化学 A	化学 B	生物 A	生物 B	总分排名 A	总分排名 B
三	起点	均值	43	25.5	41.2	24.1	39.2	21	53.5	33.8	40.2	26	44.4	23	30.8	13
	期初	均值	38	25.7	46.9	28.5	42.6	24	53.8	34.2	37.4	22	37.7	23	30.6	14
		进退	4.7	-0	-5.7	-4.4	-3	-3	-0	-0	2.8	4.4	6.7	0.2	0.2	-1
	期中	均值	60	32	48.4	27.6	38.4	22	50.4	25.4	45.8	26	43.4	26	33.4	14
		进退	-17	-6.5	-7.2	-3.5	0.8	-1.5	3.1	8.4	-5.6	0.4	1	-3	-2.6	-0.8
	期末	均值	68.9	44.6	42.8	24.5	46.6	24.9	57.8	40.5	44.3	29.6	49.3	31.1	37.5	17.7
		进退	-26	-19.1	-1.6	-0.4	-7.4	-4.1	-4.3	-6.7	-4.1	-3.4	-4.9	-8	-6.7	-4.4
四	起点	均值	183	165	178	156	187	178	181	159	167	142	175	152	183	163
	期初	均值	182	170	173	153	187	175	183	162	166	143	168	143	186	167
		进退	1.1	-5	4.2	2.5	0.4	2.5	-2	-3	0.5	-1	7.2	9.3	-3	-4
	期中	均值	177	158	166	145	190	180	183	165	166	145	172	145	186	167
		进退	6.2	6.9	11.6	10.9	-2.6	-2.5	-2.1	-5.9	0.6	-2.6	3.2	7.4	-3.2	-4.5
	期末	均值	181	175	167	155	184	177	167	157	164	151	181	171	188	179
		进退	2.2	-10.1	10.6	0.9	3.4	0.5	13.9	2.1	2.6	-8.6	-5.8	-19	-5.2	-16
五	起点	均值	162	143	184	164	176	157	181	157	197	176	188	166	186	165
	期初	均值	155	137	176	149	170	152	165	130	188	166	189	169	183	158
		进退	6.9	6.1	7.8	15.8	6	5.1	16.3	26.2	9.1	9.8	-0.4	-3.5	3.3	6.5
	期中	均值	149	126	172	143	173	149	171	141	193	173	190	170	186	162
		进退	12.9	17.1	12	21.4	3.3	8.2	10.3	15.6	3.6	2.8	-1.8	-4.4	0.5	2.1
	期末	均值	149	131	177	151	175	149	186	160	195	180	181	155	194	171
		进退	12.9	12.1	7	13.4	1.3	8.2	-4.7	-3.4	1.6	-4.2	7.2	10.6	-7.5	-6.8

期末进步较大的有：一班语文、物理，四班数学、物理，五班语文、数学、生物。

表3-49　理科与上届五期期末统考（惠州卷）比较

学科	语文 12届	语文 13届	数学 12届	数学 13届	英语 12届	英语 13届	物理 12届	物理 13届	化学 12届	化学 13届	生物 12届	生物 13届	总分 12届	总分 13届	600分以上 12届	600分以上 13届
最高分	113	117	150	140	122	119	96	97	97	96	96	90	633	635		
A 前40名平均	97	103	131	125	108	104	79	83	84	84	81	79	580	578	11	5
B 总平均分	87	95	104	91	86	86	54	62	60	62	68	62	458	459		
优生领先A-B	10	8	27	34	22	18	25	21	24	22	13	17	122	119		

分析:1.两届的总分平均分只相差1分,可以理解为两年的总体难度相当。

2.在总体难度相当的情况下,本届总分600分以上的比上届少了6人,说明尖子生群体不如上届,培养尖子仍然是当务之急。

3.数学虽然最高分不如上届,但是就本届理科这个群体而言,前40名还是可以的。

表3-50　文科各班第五学期成绩档案

班级	时间	项目	语文		数学		英语		政治		历史		地理		总平名次	
			A	B	A	B	A	B	A	B	A	B	A	B	A	B
六	起点	均值	53.7	34.9	54	30.9	52.5	32.2	53.2	30.1	54.1	32.9	49.9	30.4	50.3	26
	期初	均值	49.2	28.2	52.7	32.5	52	33.3	51.2	32.9	46.1	28.4	50	27.7	48.2	23.4
		进退	4.5	6.7	1.3	-1.6	0.5	-1.1	2	-2.8	8	4.5	-0.1	2.7	2.1	2.6
	期中	均值	50.4	31.9	50.4	30.9	52	32.6	46.8	28.8	45.8	30.9	46.4	29.6	46.1	22.8
		进退	3.3	3	3.6	0	0.5	-0.4	6.4	1.3	8.3	2	3.5	0.8	4.2	3.2
	期末	均值	54.5	40.2	55.8	38.6	50.5	33.5	45.9	25.7	46.2	33	48.9	30.2	51.6	28.7
		进退	-0.8	-5.3	-1.8	-7.7	2	-1.3	7.3	4.4	7.9	-0.1	1	0.2	-1.3	-2.7
七	起点	均值	47.2	30.5	46.9	28.3	49.3	31.6	47.6	31.1	46.7	29.5	51.2	34.7	45.5	24.9
	期初	均值	49.1	39.7	47.2	28.8	47.6	31.7	47.7	31.3	53.2	37.7	47.8	29.6	47.8	27.6
		进退	-1.9	-9.2	-0.3	-0.5	1.7	-0.1	-0.1	-0.2	-6.5	-8.2	3.4	5.1	-2.3	-2.7
	期中	均值	47.9	37.2	49.6	32.2	48.3	32.3	52.5	33.4	52.6	37.4	50.3	36.9	48.8	28.4
		进退	-0.7	-6.7	-2.7	-3.9	1	-0.7	-4.9	-2.3	-5.9	-7.9	0.9	-2.2	-3.3	-3.5
	期末	均值	43.3	27.5	43.9	30.4	49.9	37.2	53.6	38.6	52	37.9	47.8	31.8	49.2	29.7
		进退	3.9	3	3	-2.1	-0.6	-5.6	-6	-7.5	-5.3	-8.4	3.4	2.9	-3.7	-4.8

班级点评:

六班:全班六科成绩静态比较,三小科强于三大科,政治最好,数学最差,同样的参照,数学人均比政治落后约10个名次,而五期起点的名次几乎一样。动态来看,期末进步最大的是政治,退步最大的是数学。期末与七班比较,政史稍强,三大科都弱于七班,尤其是数学差距更大。因此,六班的当务之急仍然是数学,要要求学生寒假必须投入相当的精力在数学上面。

七班:与六科成绩静态比较,语文、数学、地理稍强,政史最弱,总分前25名学生的政史平均名次比最好的语文人均落后10个名次左右。期末与六班比较,语数都有明显优势,但是政史差距较大。动态来看,进步最大的是语文、地理,退步最大的是政史。

总之,文科班各科当务之急、燃眉之急是——保重本!!!

表3-51 文科与上届五期期末统考(惠州卷)平均分比较

学科	语文		数学		英语		政治		历史		地理		总分		550分以上	
届别	12届	13届	12届	13届	12届	13届	12届	13届	12届	13届	12届	13届	12届	13届	12届	13届
最高分	107	114	142	119	113	108	74	85	88	88	85	82	559	553		
A前10名平均	100	105	117	106	104	101	64	77	78	69	75	69	538	526	2	1
B总平均分	86	93	89	77	83	81	53	61	66	61	59	58	430	431		
优生领先A-B	14	12	28	29	21	20	11	16	12	8	16	11	108	95		

分析:1.两届的总分平均分只相差1分,可以理解为两年的总体难度相当。

2.在总体难度相当的情况下,本届总分550分以上的比上届少,说明尖子生不如上届,确保重本是燃眉之急。

3.数学的绝对分数与上届相比差距较大,寒假务必有相当精力的投入。

4.历史、地理的培优工作亟待加强。

表3-52 末位学科人数统计比较表(A为该科全班末位人数,B为该班总分前25名学生该科末位人数)

班级	时段	语文		数学		英语		物理/政治		化学/历史		生物/地理	
		A	B	A	B	A	B	A	B	A	B	A	B
一	起点	14	8	10	5	3	2	8	4	13	4	4	2
	期末	8	4	4	3	10	5	11	4	7	2	11	7
二	起点	19	10	6	2	16	9	4	1	3	1	3	2
	期末	15	7	10	3	13	10	6	3	1		3	2
三	起点	11	6	8	4	6	2	9	6	5	3	7	4
	期末	16	6	3	2	7	4	9	6	4	3	6	4
四	起点	11	7	6	5	12	8	6	3	1	0	4	2
	期末	10	9	3	1	5	4	4	1			8	7
五	起点	5	3	7	5	6	3			13	7	7	5
	期末	2	2	5	3	8	6	13	6	10	5	6	3
六	起点	9	5	6	3	8	5	7	3	12	4	7	5
	期末	14	8	8	6	2	4	1	7	5	6	6	3

班级	时段	语文		数学		英语		物理/政治		化学/历史		生物/地理	
		A	B	A	B	A	B	A	B	A	B	A	B
七	起点	8	4	6	4	8	5	5	1	7	3	12	8
	期末	5	1	7	4	3	3	8	5	13	8	7	4

高中教学质量分析报告之八

让目光聚焦考生

——2014届高考"一模"成绩分析与后期备考要求

一、成绩分析

表3-53 我校近四届"一模"与高考上线情况一览表(我校"一模"有47人没有口语成绩)

届别	时间、人数	科 别	项 目	重点本科	二B以上	三A以上	三B以上
11届	一模 (295人)	纯文科	预测分数线	554	472	432	351
			我校达线数	0	15	31	80
		纯理科	预测分数线	545	420	361	287
			我校达线数	20	111	145	177
		合 计	市教育局下达目标数	9	66	121	235
			我校文理科奋斗目标	25	118		276
			◇我校文理科达线总数	20	126	176	257
			我校文理科超市目标数	11	60	55	22
	高考	纯文理科	◇实际上线人数	29	142	204	262
		各种类别	◇实际上线总数	44	217		328

届别	时间、人数	科 别	项 目	重点本科	二B以上	三A以上	三B以上
12届	一模（373人）	纯文科	预测分数线	578	477	427	352
			我校达线数	0	53	86	104
		纯理科	预测分数线	572	461	405	347
			我校达线数	36	139	185	205
		合 计	市教育局下达目标数	16	149	249	329
			我校文理科奋斗目标	36	178		330
			◇我校文理科达线总数	36	192	271	309
			我校文理科超市目标数	20	43	22	-20
	高考	纯文理科	◇实际上线人数	55	231	302	333
		各种类别	◇实际上线总数	67	258	336	380
13届	一模（322人）	纯文科	预测分数线	564	468	399	279
			我校达线数	2	38	70	88
		纯理科	预测分数线	578	459	368	276
			我校达线数	35	139	200	221
		合 计	市教育局下达目标数	26	158	220	300
			我校文理科奋斗目标	51	241		361
			◇我校文理科达线总数	37	177	270	309
			我校文理科超市目标数	11	19	50	9
	高考	纯文理科	◇实际上线人数	41	183	271	316
		各种类别	◇实际上线总数	66	224	326	372
14届	一模（350人）	纯文科	预测分数线	559	450	382	309
			我校达线数	1	49	73	87
		纯理科	预测分数线	560	443	354	286
			我校达线数	34	169	226	243
		合 计	市教育局下达目标数	28	205	276	293
			我校文理科奋斗目标	41	220		352
			◇我校文理科达线总数	35	218	299	330
			我校文理科超市目标数	7	13	23	37

表3-54 各班目标达成情况(纯文科或纯理科,不含港澳台等特殊类别。依据东莞线。含口语):

科类/分数线		理科(560/443/286)							文科(559/450/309)			年 级
班级		一	二	三	四	五	六	小计	七	八	小计	
考试人数		42	46	39	38	39	42	246	53	51	104	350
重点本科	目标数	18.5	17.5	0.5	0.5	0.5	0.5	38	2	1	3	41
	达成数	14	18	1	0	0	1	34	1	0	1	35
本科以上	目标数	43	47	21	20	19	20	170	25	25	50	220
	达成数	40	44	19	18	22	26	169	28	21	49	218
专科以上	目标数	46	50	38	37	35	41	247	54	51	105	352
	达成数	42	46	38	37	38	42	243	45	42	87	330
班主任		孙	齐	李	刘	卿	向		吴	彭	刘育卿	

表3-55 我校文科重本临界生平均成绩与市有效分之比较

学 科		语文	数学	英语	政治	历史	地理	总分
有效分		109	108	120	73	74	75	559
529分以上6人	均分	108	106	124	66	73	73	550
	比较	-1	-2	+4	-7	-1	-2	-9

表3-56 我校理科重本上线生、临界生"一模"均分与市有效分之比较

学 科			语文	数学	英语	物理	化学	生物	总分
有效分			103	108	114	74	83	78	560
上线生	560分以上34人	均分	107	112	119	79	85	84	585
		比较	+3	+4	+5	+5	+2	+6	+25
临界生	540—559分17人	均分	103	106	110	68	82	79	549
		比较	+0	-2	-4	-6	-1	+1	-11

表3-57 我校与全市各科最高分一览表

科 目	语文	理数	文数	英语	物理	化学	生物	理综	政治	历史	地理	文综	理科总分	文科总分
全市最高分	140	148	147	145.5	100	100	99	290	92	96	94	268	698	678

科　目	语文	理数	文数	英语	物理	化学	生物	理综	政治	历史	地理	文综	理科总分	文科总分
我校最高分	124	134	130	137	92	96	92	264	79	80	86	224	629	578.5
我校差距	-16	-14	-17	-8.5	-8	-4	-7	-26	-13	-16	-8	-44	-69	-99.5

表3-58　理科有效分人数统计表(用方框表示的尤其需要加油哦)

班级	时间	总目标数		总达成数		各科有效分实有人数										
						语文		数学		英语		物理		化学		生物	
		重本	本科	重本	本科	重本	本科	重本	本科	重本	本科	重本	本科	重本	本科	重本	本科
一	五期末	18.5	43	18	39	10	36	11	36	13	39	11	37	14	37	15	39
	一模	18.5	43	14	40	11	39	9	37	12	38	9	37	[8]	[34]	12	40
二	五期末	17.5	47	16	48	9	46	12	46	13	45	12	43	14	44	15	41
	一模	17.5	47	17	44	15	37	10	40	[8]	42	13	[39]	14	43	14	41
三	五期末	0.5	21	1	17	1	13	1	9	0	15	1	10	1	15	1	12
	一模	0.5	21	0	19	0	16	0	14	0	11	0	[9]	0	13	0	17
四	五期末	0.5	20	0	14	0	10	0	14	0	10	0	7	0	7	0	11
	一模	0.5	20	0	18	0	11	0	14	0	13	0	[8]	0	10	0	17
五	五期末	0.5	19	1	19	0	13	0	17	0	16	0	9	0	17	0	16
	一模	0.5	19	0	22	0	[13]	0	17	0	16	0	15	0	21	0	17
六	五期末	0.5	20	1	28	0	26	1	23	0	23	1	18	1	21	1	24
	一模	0.5	20	1	26	0	20	1	23	0	22	1	[19]	1	21	1	23
理科	五期末	38	170	36	165	20	144	26	145	26	148	25	124	30	141	32	143
	一模	38	170	32	169	26	136	[20]	145	[20]	142	23	[127]	23	142	27	155
有效分	五期末	563	446	563	446	107	96	115	94	104	84	83	62	78	53	76	57
	一模	560	443	560	443	103	90	108	84	114	90	74	55	83	63	78	61

表3-59　文科有效分人数统计表(用方框表示的尤其需要加油哦)

班级	时间	总目标数		总达成数		各科有效分实有人数										
						语文		数学		英语		政治		历史		地理	
		重本	本科	重本	本科	重本	本科	重本	本科	重本	本科	重本	本科	重本	本科	重本	本科
七	五期末	2	25	1	26	1	23	0	18	1	20	0	24	1	23	1	21
	一模	2	25	1	28	1	23	1	[21]	[0]	23	1	24	1	[20]	[0]	23
八	五期末	1	25	1	17	0	13	1	13	0	14	0	12	1	12	1	11
	一模	1	25	0	21	0	17	0	15	[14]	0	[13]	0	0	15	0	18

班级	时间	总目标数		总达成数		各科有效分实有人数											
						语文		数学		英语		政治		历史		地理	
		重本	本科	重本	本科	重本	本科	重本	本科	重本	本科	重本	本科	重本	本科	重本	本科
文科	五期末	3	50	2	43	1	36	1	31	1	34	0	36	1	35	2	33
	一模	3	50	1	49	1	40	1	36	0	37	1	37	1	35	0	41
有效分数	五期末	552	423	568	470	112	100	119	92	109	90	74	62	72	59	82	67
	一模	559	450	559	450	109	94	108	80	120	99	73	57	74	59	75	61

表 3-60 各班前 25 名各科平均分一览表:

生源层次	班级	语文	数学	英语	物理/政治化学/历史生物/地理			总分
理科实验班	一	105	109	106	75.4	81.6	82.6	559
	二	106	110	105	75.6	85.2	80.3	563
理科平行班	三	97.8	92.5	85.4	52.9	61.8	69.2	460
	四	91.9	94.4	91.7	50.7	58.4	69.2	456
	五	93.3	90.3	86.7	58.7	72.2	64.8	466
	六	97.8	93.7	90.8	59	72	72.6	486
文科平行班	七	103	92.6	101	63.1	64.8	70.9	495
	八	99	86.6	94	60.4	61.3	67.9	470

※与文理科同一层次的班级比较,需要奋起直追的班科是:一班化学,二班生物,三班英语,四班语文、物理、化学,五班数学、生物,八班数学、英语。

表 3-61 文科各班成绩档案

| 班级 | 时间 | 项目 | 语文 | | 数学 | | 英语 | | 政治 | | 历史 | | 地理 | | 总分排名 | |
			A	B	A	B	A	B	A	B	A	B	A	B	A	B
七	三期起点		63	44	57	28	58	36	58	32	60	33	60	32	58	25
	四期起点		62	44	64	33	61	38	52	25	57	27	54	26	59	24
	五期起点		62	43	62	34	58	39	53	28	60	31	55	31	59	29
	六期起点		55	33	58	33	58	37	52	27	56	28	55	27	53	24
	一模	均值	57	35	56	35	58	35	51	36	57	32	55	30	55	26
		进退	-2	-2	2	-2	0	2	1	-9	-1	-4	0	-3	-2	-2

班级	时间	项目	语文		数学		英语		政治		历史		地理		总分排名	
			A	B	A	B	A	B	A	B	A	B	A	B	A	B
八	三期起点		57	40	64	39	64	38	61	36	60	38	58	38	63	32
	四期起点		56	34	56	35	58	31	67	41	61	37	63	40	62	31
	五期起点		59	33	59	39	63	41	67	45	62	41	66	47	63	37
	六期起点		66	43	63	43	63	41	69	49	65	51	66	46	66	44
	一模	均值	63	48	63	44	63	48	68	44	63	43	62	38	66	43
		进退	3	-5	0	-1	0	-7	1	5	2	8	4	8	0	1
年级平均	五期			43		40		43		40		41		39		37
	一模			42		39		42		40		38		34		34
	平均			43		40		43		40		40		37		36

表 3-62　理科各班成绩档案

班级	时间	项目	语文		数学		英语		物理		化学		生物		总平排名	
			A	B	A	B	A	B	A	B	A	B	A	B	A	B
一	三期起点		72	70	84	55	73	50	84	49	82	49	67	38	62	28
	四期起点		76	62	78	50	69	48	87	54	86	54	67	51	60	28
	五期起点		66	49	69	38	62	40	89	55	82	50	53	35	57	27
	六期起点		73	67	73	49	66	41	75	36	72	41	53	30	57	28
	一模	均值	73	73	80	50	70	55	74	40	90	59	63	46	59	33
		进退	0	-6	-7	-1	-4	-14	1	-4	-18	-18	-10	-16	-2	-5
二	三期起点		94	95	74	36	89	61	64	39	61	41	76	55	60	26
	四期起点		94	94	81	42	99	64	61	36	63	34	93	74	63	28
	五期起点		82	77	80	36	96	61	59	35	57	32	86	61	63	32
	六期起点		86	74	76	36	96	68	74	40	69	35	89	55	68	34
	一模	均值	98	62	96	46	93	63	75	38	61	37	95	61	72	29
		进退	-12	12	-20	-10	3	5	-1	2	8	-2	-6	-6	-4	5

班级	时间	项目	语文		数学		英语		物理		化学		生物		总平排名	
			A	B	A	B	A	B	A	B	A	B	A	B	A	B
三	三期起点		155	139	177	154	168	140	178	158	167	134	186	152	190	157
	四期起点		180	162	188	175	180	162	185	169	174	146	189	157	198	170
	五期起点		177	151	187	168	184	149	181	157	182	157	191	162	194	164
	六期起点		170	147	194	176	186	155	191	174	183	157	198	176	199	172
	一模	均值	157	132	162	133	190	168	185	160	189	164	171	139	190	158
		进退	13	15	32	43	-4	-13	6	14	-6	-7	27	37	9	14
四	三期起点		170	153	158	125	154	129	187	164	188	161	164	133	186	152
	四期起点		163	140	171	137	157	127	207	191	200	175	165	139	194	162
	五期起点		180	155	170	143	156	130	206	181	218	196	179	152	199	172
	六期起点		183	179	181	147	166	143	205	180	196	169	176	153	194	166
	一模	均值	185	173	160	123	149	132	191	170	200	181	163	144	190	164
		进退	-2	6	21	24	17	11	14	10	-4	-12	13	9	4	2
五	三期起点		184	144	171	137	179	160	155	121	170	133	188	153	190	149
	四期起点		180	151	156	122	177	156	145	104	155	114	180	141	175	126
	五期起点		200	171	171	128	186	163	155	105	157	105	190	158	181	135
	六期起点		193	173	176	142	189	172	159	122	174	138	201	171	184	147
	一模	均值	180	162	176	146	176	162	161	127	154	111	195	169	182	147
		进退	13	11	0	-4	13	10	-2	-5	20	27	6	2	2	0
六	三期起点		154	136	183	142	178	147	168	126	173	141	147	107	182	136
	四期起点		144	125	177	138	172	148	168	129	175	133	147	108	176	131
	五期起点		155	127	184	146	172	154	176	144	170	138	136	100	173	133
	六期起点		156	138	162	115	187	169	158	125	169	131	146	113	164	120
	一模	均值	152	129	167	128	170	140	159	126	155	114	153	119	167	119
		进退	4	9	-5	-13	17	29	-1	-1	14	17	-7	-6	-3	1
年级平均	五期		125		111		122		113		113		112		113	
	一模		122		104		120		110		111		113		108	
	平均		124		108		121		112		112		113		111	

表 3 - 63　2014 年高考音乐、美术科考试情况：

达线层次	音乐达线人数	美术达线人数	合计
2013 重本分数线(音乐 233 分,美术 240 分)以上	4	1	5
2013 本科分数线(音乐 205 分,美术 210 分)以上	6	6	12
2014 本科资格线(音乐 160 分,美术 180 分)以上	8	8	16

二、备考策略

(一)突显二轮复习的几个关键——一切为了考生

1.时间:一般是从一模结束到二模之前,大致五周左右。"二模"之后将重新安排课表。

2.特点:专题性。新课教学是学习知识,一轮复习要梳理知识,二轮复习必整合知识。新课教学是一个一个的"点",一轮复习是"连点成线",二轮复习要"连线成面"。新课教学注重基础性,一轮复习注重全面性,二轮复习注重专题性。

3.内容:专题的内容必须是:应考点中的常考点、知识点中的交接点。专题的个数要适当,要尽量覆盖本学科的主干知识。

更重要的是,二轮复习的内容不能仅限于知识本身,还应该把学生在学习、复习和练习中暴露出来的问题作为重要的教学资源和备考资源,如果做不好这一点,即使花再多的时间也只能停留在一轮的水平。

4.教法:归类法(按主题或专题归类)、比较法(同中求异或异中求同)、联系法(新旧知识联系、理论与实践联系、课内外联系、课本与习题练习、古今中外联系)、穿插法(适当穿插其他版块知识的复习或训练)、讲练结合法(必须少讲精练,尽量以练带讲)。

5.目标:找到题感,形成能力。要让学生找到题感,训练学生洞悉每道试题的命题意图、考查意图、干扰角度、解题思路、给分标准等,而不仅仅是停留在能够解出一个又一个孤零零的答案而已,要让学生通过一道又一道的试题训练切实提高其应试能力。

6.本质:整合、升华。二轮复习不是一轮复习的量的重复,而是在一轮基础上的质的升华;不是同类知识的简单拼凑,而是对主干知识的有机整合;不是对基础知识的简单再现,而是对能力素养的有效提升。

（二）突出辅导工作的几类重点——为了一切考生

1. 特优生　重点狠抓理科总分前15名(保中大人数)和文科总分前5名(保重本)。要多开小灶,深挖问题,扬长补短,面改面批。力争有更多的中大甚至清华北大。

2. 临界生　锁定对象(重本线和本科线上下20分左右的学生),明确标高,抓紧补缺,不留硬伤。

3. 末位生　明确弱项,适当倾斜,强化基础,日清日结。重点抓临界生中的末位生。

4. 特长生　明确重点(重点学生——艺术传媒等专业考试成绩达到本科线以上尤其是达到重本线以上的学生,重点内容——常考点和基础题),降低标高(不求系统性,只求主干性),严格要求,及时反馈。

5. 港台生　该补的补足,该练的练够,该考的考到(5月模拟)。定要稳扎稳打,切莫疏忽大意。

（三）突破教学工作的几个难点——为了考生一切

1. 课堂氛围:问题——沉闷,要求——快乐备考、科学备考。

2. 教学效率:问题——低下,要求——轻负高质。

借助PPT是提高复习课效率的有效途径;先练后讲、先阅后讲、先做(教师做)后讲是提高评卷课效率的必要途径;教师的厚积薄发是学生事半功倍的最佳途径。

占用上课时间逐一发放试卷、逐一公布分数、逐一数落学生是浪费时间的典型表现。

3. 试题质量:问题——题海无边,良莠不分;要求——精心挑选,以一当十。

有考试的晚上不得布置课外作业,其他时间课外作业量每天每科不得超过半小时。

教师下题海是学生出苦海的有效途径。

三、主要工作

1. 分类会议:学部将召开教师总结会,学生总结表彰大会,具体时间另行通知。3月28日(周五)下午分班家长会。各班利用课余时间召开分班分析会、学习经验交流会等。

2. 个别谈话:每个老师与重本和二本目标生中没有达到相应有效分的学生深入交谈,提出有效的小法与举措。

3. 备考研究：积极参加各级各类高考研讨会。认真研究 2014 年考试大纲、考试说明、各地备考信息及 2013 年广东高考年报，第八、九周举办研究成果发布会。（工作安排另发）

4. 周测工作：考省内，练省外。严格监考，认真阅卷，仔细讲评，彻底矫正，及时反馈。

5. 适度调整：对座位、床位、科代表等作出必要的适当的调整，发挥同伴互助功能。

6. 学法论坛：学部将举办"学法论坛"，以学科为单位，围绕学习中的困惑与苦恼，学生提问教师解答。

7. 氛围营造：学部办好"高考园地"，年级办好高三文化长廊，各班张贴标语口号、"二模"倒计时等（"二模"试卷暂定委托广州越秀区批阅）。

8. 强化管理：优化教风、班风、学风。关注师生身心状况。促使师生始终保持积极、高昂、专注的备考状态。教师要全程坐班，全力备考，松懈必问，退步必究。

高中教学质量分析报告之九

为高考做好全面准备

——2013 届高考"二模"成绩分析与后期备考要求

一、成绩分析

表 3-64　我校 2013 届"一模"、"二模"达线人数比较

时间、人数	科　别	项　目	重点本科	二 B 以上	三 A 以上	三 B 以上
一模（东莞线）（322 人）	纯文科	东莞预测分数线	564	468	399	279
		我校达线数	2	38	70	88
	纯理科	东莞预测分数线	578	459	368	276
		我校达线数	35	139	200	221
	合　计	◇我校文理科达线总数	37	177	270	309
		我校文理科超市目标数	11	19	50	9

时间、人数	科 别	项 目	重点本科	二B以上	三A以上	三B以上
二模 (广州线) (320人) (含口语)	纯文科	越秀预测分数线	547	434	369	
		我校达线数	2	41	70	
	纯理科	越秀预测分数线	561	440	373	
		我校达线数	33	126	191	
	合 计	◇我校文理科达线总数	35	167	261	
		我校文理科超市目标数	9	9	43	
市教育局下达目标数			26	158	220	300
我校文理科高考目标			51	241		361

表 3-65 我校近三届"二模"与高考上线情况一览表:

届别	时间、人数	科 别	项 目	重点本科	二A以上	二B以上	三A以上	三B以上
11届	二模 (332人)	纯文科	预测分数线	539	494	459	414	
			我校达线数	0	5	16	29	
		纯理科	预测分数线	555	489	451	362	
			我校达线数	14	56	87	142	
		合 计	市教育局下达目标数	9		66	121	
			我校文理科奋斗目标	25		118		
			◇我校文理科达线总数	14	61	103	171	
			我校文理科超市目标数	5		37	50	
	高考	纯文理科	◇实际上线人数	29	87	142	204	262
		各种类别	◇实际上线总数	44		217		328
12届	二模 (334人)	纯文科	预测分数线	535		446	403	332
			我校达线数	0		31	70+2	104+12
		纯理科	预测分数线	538		437	385	320
			我校达线数	34		120	172	201
		合 计	市教育局下达目标数	16		149	249	329
			我校文理科奋斗目标	36		178		330
			◇我校文理科达线总数	34		151	244	317
			我校文理科超市目标数	18		2	-5	-12
	高考	纯文理科	◇实际上线人数	55	153	231	302	333
		各种类别	◇实际上线总数	67	176	258	336	380

届别	时间、人数	科别	项 目	重点本科	二A以上	二B以上	三A以上	三B以上
13届	二模 (320人) (含口语)	纯文科	预测分数线	547	488	434	369	
			我校达线数	2	12	41	70	
		纯理科	预测分数线	561	485	440	373	
			我校达线数	33	84	126	191	
		合 计	市教育局下达目标数	26		158	220	300
			我校文理科奋斗目标	51		241		361
			◇我校文理科达线总数	35	96	167	261	
			我校文理科超市目标数	9		9	43	61

表3－66　我校近两届"二模"各科平均分与越秀区平均分比较

届别	项目	语文	理数	文数	英语	物理	化学	生物	理综	理总	政治	历史	地理	文综	文总
12届	越秀均分	89.9	85.5	76.5	82.4	69.5	58.2	58.4	186	444	57.8	60.9	56.7	176	424.3
	我校均分	88.8	83.1	64.3	75.4	68.3	55.6	66.7	190.6	438	59.1	57.2	49.2	166	394
	与越秀比	－1.1	－2.4	－12.2	－7	－1.2	－2.6	8.3	4.6	－5.9	1.3	－3.7	－7.5	－10	－30.3
13届	越秀均分	92.6	73.7	77	86.7	69.3	71.6	68	208.9	462	63.5	67.3	56.1	187	443.2
	我校均分	90.1	69.4	60.8	74.9	65	68.8	67.7	201.5	436	55.4	57.1	44.3	157	382.6
	与越秀比	－2.5	－4.3	－16.2	－11.8	－4.3	－2.8	－0.3	－7.4	－26	－8.1	－10.2	－11.8	－30	－60.6

表3－67　各班目标达成情况(纯文科或纯理科,不含港澳台等特殊类别)：

类　别		文科			理科						合计
班次		六	七	小计	一	二	三	四	五	小计	
本次考试人数		46	46	92	53	51	46	38	42	230	322
重点本科	高考目标数	1	1	2	4	6	38			48	50
	一模达成数	0	2	2	2	2	31			35	37
	二模达成数	0	2	2	1	4	28			33	35
本科以上	高考目标数	32	32	64	48	47	47	11	11	164	228
	一模达成数	22	16	38	42	41	45	6	5	139	177
	二模达成数	22	19	41	32	42	45	5	2	126	167
专科以上	高考目标数	47	46	93	53	51	48	39	42	233	326
	一模三B达成数	42	46	88	53	51	46	35	36	221	309
	二模三A达成数	33	32	65	50	50	46	20	25	191	256
班主任		刘军慧	刘兴		李灿明	何立丹	王明亮	杨亮	王法付		王学斌

"一模"依据东莞预测线：重点本科文564、理578，本科文468、理459，专B文279、理276

"二模"依据广州预测线:重点本科文 547、理 561,本科文 434、理 440,专 A 文 369、理 373

表3-68 各班各科平均分一览表:

时间	生源层次	班级	语文	数学	英语	物理/政治	化学/历史	生物/地理	总分
一模	第一层次	三	106.6	104.1	121.1	80.2	86.7	81.1	579.8
	第二层次	一	99.4	83.0	108.1	69.5	71.8	68.2	499.9
		二	97.7	81.8	102.6	71.5	78.8	71.9	504.3
	第三层次	四	86.2	62.8	66.8	50.3	58.1	50.2	374.5
		五	91.7	63.9	78.1	49.8	52.1	47.1	382.8
	文科平行	六	94.2	68.9	89.3	58.6	60.7	55.7	416
		七	97.1	79.4	95.8	61.1	58.8	58.0	438.3
二模	第一层次	三	99.1	93.7	101.3	88.2	84.8	85.5	552.5
	第二层次	一	92.7	66.2	83.6	64.1	70.8	69.1	446.5
		二	93.2	74.8	80.2	72.8	74.6	74.8	470.4
	第三层次	四	83.1	54.6	58.6	49.9	59.1	53.4	358.7
		五	87.5	54.2	64.4	45.3	51.4	50.9	353.7
	文科平行	六	89.0	64.3	72.6	59.5	64.3	48.5	398.2
		七	92.3	71.5	75.4	62.7	62.8	48.8	413.5

表3-69 文科各班第六学期成绩档案

班级	时间	项目	语文		数学		英语		政治		历史		地理		总平名次	
			A	B	A	B	A	B	A	B	A	B	A	B	A	B
六	起点	均值	52.2	33.7	53.5	34.0	52.1	32.9	48.5	30.1	46.5	31.3	48.6	29.4	47.9	23.6
	一模	均值	51.1	31.7	56.2	35.9	53.4	34.6	50.0	31.2	46.8	28.7	50.0	34.4	48.0	25.2
		进退	1.1	2	-2.7	-1.9	-1.3	-1.7	-1.5	-1.1	-0.3	2.6	-1.4	-5	-0.1	-1.6
	二模	均值	52.8	31.8	54.5	37.8	50.6	35.3	51.3	28.6	47.1	27.3	47.2	30.3	46.6	23.2
		进退	-0.6	1.9	-1	-3.8	1.5	-2.4	-2.8	1.5	-0.6	4	1.4	-0.9	1.3	0.4
七	起点	均值	47.0	35.4	48.0	28.7	48.9	32.9	51.7	36.4	53.1	40.6	49.7	31.9	48.1	27.4
	一模	均值	47.0	31.8	43.5	27.0	47.0	28.0	48.5	37.1	52.0	40.6	47.0	32.8	44.9	26.0
		进退	0	3.6	4.5	1.7	1.9	4.9	3.2	-0.7	1.1	0	2.7	-0.9	3.2	1.4
	二模	均值	45.0	29.8	44.9	36.7	49.8	35.8	47.1	30.5	52.5	36.4	48.7	35.2	45.3	27.8
		进退	2	5.6	3.1	-8	-0.9	-2.9	4.6	5.9	0.6	4.2	1	-3.3	2.8	-0.4

班级	时间	项目	语文		数学		英语		政治		历史		地理		总平名次	
			A	B	A	B	A	B	A	B	A	B	A	B	A	B
年级平均	起点			34.5		31.4		32.9		33.2		36.0		30.7		25.5
	一模			31.8		31.4		31.3		34.1		34.6		33.6		25.6
	二模			30.8		37.3		35.6		29.5		31.8		32.7		25.5
	平均			32.4		33.4		33.3		32.3		34.1		32.3		25.5

表3-70 理科各班第六学期成绩档案

班级	时间	项目	语文		数学		英语		物理		化学		生物		总分排名	
			A	B	A	B	A	B	A	B	A	B	A	B	A	B
一	起点	均值	94.0	77.0	114.8	84.5	96.5	78.8	106.7	73.8	113.4	79.4	111.4	80.0	99.7	63.2
	一模	均值	100.6	72.2	111.6	74.3	92.6	81.3	108.8	70.0	124.4	82.4	114.1	76.5	104.2	65.6
		进退	-6.6	4.8	3.2	10.2	3.9	-2.5	-2.1	3.8	-11	-3	-2.7	3.5	-4.5	-2.4
	二模	均值	110.0	69.2	129.5	102.3	102.9	83.0	127.0	90.0	118.9	85.9	119.2	83.5	113.7	71.3
		进退	-16	7.8	-14.7	-17.8	-6.4	-4.2	-20.3	-16.2	-5.5	-6.5	-7.8	-3.5	-14	-8.1
二	起点	均值	123.3	117.5	104.9	67.1	118.1	105.8	99.2	63.6	95.5	66.8	95.8	67.4	99.8	66.1
	一模	均值	116.1	88.2	117.3	80.3	112.4	102.1	95.4	57.9	89.7	59.4	92.6	59.1	99.1	64.4
		进退	7.2	29.3	-12.4	-13.2	5.7	3.7	3.8	5.7	5.8	7.4	3.2	8.3	0.7	1.7
	二模	均值	109.1	94.2	99.5	70.6	114.6	93.5	96.2	62.2	100.8	70.0	92.5	64.0	93.5	61.0
		进退	14.2	23.3	5.4	-3.5	3.5	12.3	3	1.4	-5.3	-3.2	3.3	3.4	6.3	5.1
三	起点	均值	55.5	37.8	46.5	27.0	42.2	24.6	54.6	32.9	43.0	25.7	43.6	29.2	31.9	14.1
	一模	均值	52.3	40.2	41.8	20.4	44.3	32.2	51.2	31.8	44.8	20.7	43.6	27.5	32.3	13.7
		进退	3.2	-2.4	4.7	6.6	-2.1	-7.6	3.4	1.1	-1.8	5	0	1.7	-0.4	0.4
	二模	均值	66.0	39.7	45.8	31.3	40.3	23.0	39.8	25.8	40.0	19.2	38.2	26.6	31.2	14.1
		进退	-10.5	-1.9	0.7	-4.3	1.9	1.6	14.8	7.1	3	6.5	5.4	2.6	0.7	0
四	起点	均值	181.5	173.9	172.4	150.5	189.1	179.0	180.7	161.0	167.2	141.7	175.0	150.2	187.5	169.7
	一模	均值	180.9	161.4	172.5	150.2	198.3	184.5	179.9	160.9	165.0	141.2	174.8	155.3	182.6	163.9
		进退	0.6	12.5	-0.1	0.3	-9.2	-5.5	0.8	0.1	2.2	0.5	0.2	-5.1	4.9	5.8
	二模	均值	174.1	156.7	167.1	147.3	189.6	180.6	167.5	144.1	164.5	142.9	177.6	158.8	179.5	162.0
		进退	7.4	17.2	5.3	3.2	-0.5	-1.6	13.2	16.9	2.7	-1.2	-2.6	-8.6	8	7.7
五	起点	均值	151.1	133.0	175.4	148.9	172.8	151.5	174.2	144.0	192.2	174.6	186.8	164.2	185.3	161.9
	一模	均值	153.7	138.4	167.5	140.7	175.2	158.5	177.7	152.6	185.5	163.8	186.7	168.0	179.8	159.3
		进退	-2.6	-5.4	7.9	8.2	-2.4	-7	-3.5	-8.6	6.7	10.8	0.1	-3.8	5.5	2.6
	二模	均值	142.0	108.6	167.4	139.0	172.5	158.7	180.3	152.8	183.7	163.7	185.0	166.2	177.2	153.6
		进退	9.1	24.4	8	9.9	0.3	-7.2	-6.1	-8.8	8.5	10.9	1.8	-2	8.1	8.3

班级	时间	项目	语文		数学		英语		物理		化学		生物		总分排名	
			A	B	A	B	A	B	A	B	A	B	A	B	A	B
年级平均	起点			107.8		95.6		107.9		95.1		97.6		98.2		95.0
	一模			100.1		93.2		111.7		94.6		93.5		97.3		93.4
	二模			93.7		98.1		107.8		95.0		96.3		99.8		92.4
	平均			100.5		95.6		109.1		94.9		95.8		98.4		93.6

※ 进步较大的有：二班语文、英语,三班物理,四班物理、语文,五班语文、化学。

表3-71　艺术班美术科本科入围学生(12届13人,13届9人)"二摸"平均分与我校文科班总平均分比较：

时间	项目	语文		数学		英语		政治		历史		地理		总分	
		甲	乙	甲	乙	甲	乙	甲	乙	甲	乙	甲	乙	甲	乙
12届	13人均分	89.2	85.3	71.4	48.4	73.5	66.3	63	50	61.3	49.8	52.4	39.9	411	340
	差　距	−3.9		−23		−7.2		−13		−11.5		−3.9		−71	
13届	9人均分	87.3	84.3	60.8	50.2	67.6	52.1	55.4	40.4	57.1	46.4	44.3	34.4	373	308
	差　距	−4		−10.6		−15.5		−15		−10.7		−9.9		−65	
13届与12届相比		−0.1		12.4		−8.3		−2		0.8		−6		6	

备注：甲为纯文科班全体学生平均分、乙为艺术班美术科成绩本科入围学生的文化科平均分。

单纯看13届,差距较大的是英语、政治。

与上届相比,差距较大的是英语、地理。

二、工作要求——为高考做好全面准备

(一)巩固得分点

★学生:三回归

1. 回归教材:重温知识点,该死记的要记死。

2. 回归试卷:熟悉考查点,该标明的要明标。以前是"在问题中找答案",现在要"在答案中找问题"。

3. 回归基础:夯实关键点,该动笔的笔要动。

★教师:三到位

1. 计划到位:总体规划,分项落实,化整为零,按部就班,稳扎稳打,步步为

"赢"。

2.督促到位:多巡视,多提醒,让学生随时保持积极的备战状态。

3.点拨到位:及时点拨,实现"零距离";相似训练,追求"零失误"。

(二)盘查缺漏点

1.知识的缺漏点:根据考纲、教材,查一查,还有哪些考点、知识点没有复习到,没有掌握住。

2.训练的缺漏点:根据考纲和各地信息,找一找,还有哪些考点、哪些题型没有训练到位?尤其要关注体现基础性、主干性、时代性、地域性、探究性、开放性的试题的训练与掌握情况。

3.技巧的缺漏点:根据考试试卷、学生答卷和参考答案,理一理,解题过程中还有哪些问题?答卷过程中纯粹因为技巧而白丢了多少分?

(三)挖掘增长点

1.适度的试题训练:坚持"题不离手",主要练最新模拟题、经典常考题、常做常错题、权威信息题,练热度、练速度、练准确度、练舒适度。要"立足省内,放眼省外",精心编制三至四套考卷进行考试。

2.严格的规范要求:用纸、用笔、用时、用心、用情、卷面、顺序、取舍、表达、计分、格式、书写等。

3.必要的技巧点拨:包括各种"小聪明"、"鬼点子"、"死办法"等。教给学生合理的"取舍"技巧,做到"有所为有所不为"。(要把《应考36计》熟记运用)

(四)制造兴奋点

1.合理的安排。计划周密,不忙不乱。紧张但不慌张,放松但不放纵。

2.积极的姿态。尽力而为,决不言弃。

3.轻松的氛围。每个老师每天至少让学生笑一次。多指教,少指责。

4.胜利的信心。多讲成绩,多鼓士气。不因小挫而退缩,要为大胜而拼搏。

(五)突破关键点

1.就学生而言:临界生的辅导问题,目标生的对位问题,这是提高上线率的重中之重。

2.就学科而言:文科类的主观表达题、理科类的计算推理题如何争取得高分的问题,综合科的主干知识的夯实与作答时间的分配问题等。

3.就题型而言:明确选择题干扰项的干扰角度的问题,主观题如何看分答题、分点答题的问题,各种试题的命题意图的把握问题。

4.就分省命题的特点而言:体现时代性、地域性的新信息及其新题型的训练问题。

5.就考试本身而言:临考身心的调适,应试过失的防范等问题。

三、主要工作

1.分析整改:学部召开总结表彰大会,各班各科召开考情分析会。每个教师与重本目标生、二本目标生中该科没有达到有效分的谈话,提出整改要求并督促落实。

2.课表调整:4 月 24 日——5 月 24 日按照新课表执行,第 15、16 周恢复旧课表并逐渐缩短早晚修时间。

3.考前练兵:(1)固定大考考试时间,对准高考生物钟。考省内,练省外。严格监考,认真阅卷,仔细讲评,彻底矫正,及时反馈。(2)合理安排各个专项的限时训练,确保专项过关。

4.题库建设:督促学生建好、用好试题库、好题库、错题库,并在班内、年级交流。

5.信息研究:巩固并深化考纲研究、考卷研究、年报研究三大研究成果,时刻关注 2013 年各地备考信息。

6.备考总结:每人写出 2000 字以上的备考总结,包括主要做法、成绩与经验、问题与教训等,下学期开学前交稿,并在下学期的"高考总结"上宣读。

7.竞岗准备:先竞聘高一班主任,然后实行班主任与科任教师的双向选择,请每个老师做好充分准备。

8.毕业典礼:暂定 6 月 9 日下午三点。

9.教师旅游:时间待定。

10.《年级志(2010 级卷)》编印工作。

第四章

备考，贵在有"术"

1. 研考之"术"

广东省高考《考试说明》一览表

(2014 年版)

(根据广东省高考《考试说明》整理而成,印发给高三全体师生使用)

项目	三大科				理科综合			文科综合		
	语文	文数	理数	英语	物理	化学	生物	政治	历史	地理
能力要求	识记、理解、分析综合、鉴赏评价、表达应用、探究共六个层级,每个层级均有难易不同的考查	空间想象、抽象概括、推理论证、运算求解、数据处理能力及应用意识、创新意识	(与文科数学相同)	听力、口头表达能力、阅读(理解、推断等)力、写作能力	理解、推理、分析综合、应用数学处理物理问题、实验五大能力	接受与整合、分析和解决、实验与探究	理解、实验与探究、获取信息、综合运用	获取和解读信息、调动和运用知识、描述和阐释事物、论证和探究问题	(与政治相同)	(与政史相同)

项目	三大科				理科综合			文科综合		
	语文	文数	理数	英语	物理	化学	生物	政治	历史	地理
内容比例	1.语言文字运用6题，约24分。2.古代诗文阅读7题，约35分。3.现代文阅读4题，约16分。4.文学类/实用类阅读3题，约15分。5.写作1题，60分。	必考：必修1—5选修2—1选修2—2、2—3选考：选修4—4坐标系与参数方程（或几何证明选讲）	必考：必修1—5选修2—1、2—2、2—3 4—5不等式选讲（第一讲、第二讲）选考：选修4—4坐标系与参数方程（或几何证明选讲）	听说考试3题共60分折合15分。完形填空15题30分，语法填空10题15分，阅读理解20题40分，信息匹配5题10分，基础写作15分，读写任务25分。	力学约42%电磁学约42%原子物理约8%热学约8%实验包含在以上内容中，约18%	基本概念和理论约40%常见无机物及其应用约18%有机化学基础约20%化学实验基础约22%	分子与细胞24%遗传与进化22%稳态与环境22%现代生物科技专题约8%实验22%（包括《生物技术与实践》的实验内容）	经济生活约27%政治生活约27%文化生活18%生活与哲学约28%时事政治在相关试题背景中体现	古代约23%近代约40%现代37%	自然地理约32%人文、地区域、可持发、城乡规划和环境保护约68%
结构和题型	1.必做题考查"语言文字运用"、"古代诗文阅读"、"现代文阅读"和写作，共18道小题，135分。2.选做题在文学类或实用类阅读中选做一类，各3道非选择题。	1.必做题考查必考内容和指定选考内容。2.选做题考查选考内容，全为填空题，在两道做题中选择其中一道作答。	1.必做题考查必考内容和指定选考内容。2.选做题考查选考内容，为填空题，考生在两道做题中选择其中一道作答。	1.听说考试时间30分钟，内容为模仿朗读、角色扮演、故事复述各1题共60分，得分乘以0.25计入总分。2.笔试共三大题52小题。其中选择题80分，非选择题55分。	[题型] 单项选择题 题号1—6 内容生物 题量6 题分24；题号7—12 化学 6 24；题号13—16 物理 4 16；共64。双项选择题 题号17—21 物理 5 30；题号22—23 化学 2 12；题号24—25 生物 2 12；共54。非选择题 题号26—29 生物 4 64；题号30—33 化学 4 64；题号34—36 物理 3 54；共182。			[题型] 选择题 题号1—11 内容地理 题量11 题分44；题号12—23 历史 12 48；题号24—35 政治 12 48；共140。非选择题 题号36—37 政治 2 52；题号38—39 历史 2 52；题号40—41 地理 2 56；共160。		
备注	选择题约33分非选择题约117分	单项选择题10题，每题5分共50分填空题（含必做3题，选做1题）每题5分共20分解答题6题共80分	选择题8题，每题5分共40分填空题（含必做5题，选做1题）每题5分共30分解答题6题共80分	"听说考试"又称"人机对话"，提前单独考试，共60分。学生成绩=卷面分×0.25，四舍五入取整数计入总分。	1.单项选择题都是四选一，每题4分，共16题，满分64分。2.双选题都是四选二，每题6分，只选1个且正确得3分，错选、不选得0分。3.非选择题共11题，包括填空、问答、计算等题型。			1.选择题都是四选一，每题4分，共35题，满分140分。2.全卷共41题，每科各100分，满分300分。		

补充:1. 语文、数学、英语试卷满分均为 150 分,综合满分为 300 分。考试时间语文、综合各 150 分钟,数学、英语各 120 分钟。

2. 除了"人机对话",其他各科考试形式均为闭卷、笔试,均不使用计算器。

3. 本表的选做题数量指的是实际应该做的试题的数量而不是选做题的总题量。"必做"未说明范围的均为必考内容,"选做"未说明范围的均为选考内容。

4. 语文:"古代诗文背诵篇目"为文言文 11 篇,诗词曲 22 篇。要求掌握的虚词 18 个、文言句式和用法 5 种、病句 6 类、修辞 9 种。文学类文本指小说、散文、诗歌、戏剧,实用类文本指传记、新闻、报告、科普文章。

5. 数学:对知识的要求依次是了解、理解、掌握三个层次。

6. 英语:语音项目 7 项,语法项目 24 项,功能意念项目 11 种 68 项,话题项目 24 项,要求词汇量约 3500 个。

7. 各科试题均分为容易题、中等题、难题,以中等题为主。

8. 括号中的"或某某模块"指的是考纲上要求的可以选修的模块之一,而我校选修的不是这个模块而是括号前的那个模块。

东莞市南开实验学校高中部

2014 年 3 月

(印发:高中全体教师)

与命题组同行(一)

——2012 届"考纲(《考试说明》)研究"工作提纲

一、研究内容

(一)考纲整体研究

包括全卷总分、考试时间、试卷结构、试题类型、题量个数、难度比例、能力要求、考试方式、考试范围、考点分布、主要特点等。

(二)考点研究

1. 考点整体研究,明白有多少个考点。

2.考点细化研究,明白每个考点具体应涵盖的主要内容。

3.考点与教材比较研究,弄清楚每个考点对应的知识点及该知识点所在的教材模块。

4.考点与考点比较研究,将2012届考纲与2011届考纲比较研究,弄清楚:增减的内容有哪些,原因是什么？

改变的地方有哪些,理由是什么？

补充的地方有哪些,表明了什么？

说明的地方有哪些,意味着什么？

5.考点与考卷比较研究,弄清楚每个考点在最近三年的广东及全国主要省市的高考试卷中的考查情况:有没有考过,哪些地方考过,怎么考的,还可能怎么考……从而准确把握应考点、已考点、常考点、未考点、重点考点等。

(三)"题型示例"研究

示例的题型与高考题有何区别,传递出什么信息。

(四)基于2012届考纲的对策研究

1.就年级整体而言,本学科现在的主要做法应该是什么,工作的重点、难点各是什么,有利条件和不利条件主要有哪些,复习的顺序、进度、时间、资料等各个方面是否存在需要调整的地方。

2.重点学生的培优补缺工作有些什么困难,怎么解决。

3.为适应广东高考的要求,基础年级教学工作应采取哪些相应的策略:教材的选订、时间的分配、顺序的编排,等等。

二、工作要求

1.由毕业年级教师担任主研工作,各科备考组长落实分工,并督促实施。

2.学部将举办"高考论坛——考纲研究",由教研组长主持论坛活动,主讲人在论坛上发布研究报告,高中部同学科教师参加该科研讨。

论坛安排:

学科	时间	学科	时间	学科	时间
英语	第十周周一晚	物理	第十周四晚19时	历史	第11周周二晚
数学	第十周周二晚	化学	第十周四晚20时	地理	第11周周三晚

学科	时间	学科	时间	学科	时间
语文	第十周周三晚	生物	第11周周一晚	政治	第11周周四晚

高中部

2012 年 3 月

（印发:高三全体教师、高中各办公室）

与命题组同行（二）

——2013 年高考"考卷分析"工作提纲

一、研究内容

（一）考卷整体分析

包括全卷总分、考试时间、试卷结构、试题类型、题量个数、难度比例、能力要求、考试方式、考试范围、考点分布、主要特点等。

（二）考卷具体分析

1. 版块研究:该考查版块的题量、题型、试题之间的关系等。

2. 试题研究:每道试题的考查对象、考试意图、设问特点、干扰方式、难度系数、解题要领等。

（三）考卷比较分析

1. 2013 年广东高考试卷与最近几年广东卷比较研究。

2. 广东高考试卷与其他省市高考试卷比较研究。

3. 广东高考试卷与广东高考考纲及课程标准比较研究。

4. 广东高考试卷与现行教材关联度研究。

5. 广东高考试卷与各地模拟试卷、高考信息的关联度研究。

（四）备考对策分析

1. 高三复习备考拟实施的做法。

2. 对基础年级教学的建议。

二、工作要求

1. 现职高三教师担任主研人员，高三备考组长牵头，高三年级组长和各学科教研组长督促，每个高三教师可以分别研究某部分内容，都要写出研究报告，并将电子文档传给边宁老师。

2. 高中部将举办"高考论坛"，由各学科主研人员在论坛上发放、讲解分析报告，高中部同学科教师参加研讨，论坛举办时间详见校历和每周工作安排。

3. 学部将研究报告保存在学部资源库作为永久资料供全体教师参阅，并选择部分优秀研究报告推荐发表。

高中部

2012 年 9 月 12 日

2011 年是实施广东省普通高校招生考试改革调整方案的第二年，考试过去了，但高考留下的信息却异常丰富，留下的考试相关数据更值得我们认真地挖掘和研究，以便更充分地发挥高考对中学教学的反拨作用，为今后指导高考、改进中学教学及改进命题提供更为科学的依据。

…………

由于高考对中学教育、特别是高中教学有一定的导向作用，《年报》在可能的范围从定量和定性两个方面提供各学科考试和作答的有关信息。

——《广东高考年报(2011)》前言

与命题组同行(三)

——2011 年高考"年报解读"工作安排

一、解读内容

(一)年报整体解读

包括各科的数据统计、试卷分析、命题情况研读、试题评估指标、考生答卷情况分析、阅卷情况反馈、教学与备考建议等。

（二）年报具体解读

1.年报中最有价值的信息有哪些？

2.年报中肯定的地方有哪些？

3.年报中提到需要完善的地方有哪些？

4.年报对我们高三复习备考有什么启发？我们应该采取哪些相应的措施？

5.年报对我们基础年级的新课教学有什么启发？

二、工作要求

1.由毕业年级教师担任主研工作，各科备考组长落实分工，并督促实施。

2.学部将举办"高考论坛——年报解读"，由教研组长主持论坛活动，主讲人在论坛上发布研究报告，高中部同学科教师参加该科研讨。

论坛安排：

学科	时间	学科	时间	学科	时间
英语	第三周周一晚	物理	第三周周四晚	历史	第五周周二晚
数学	第三周周二晚	化学	第四周周四晚	地理	第五周周三晚
语文	第三周周三晚	生物	第五周周一晚	政治	第五周周四晚

高考考情与我们的对策

（在东莞市2014届高考备考会上的发言提纲）

一、基本情况：三大特点

南开2014届高三具有三大特点：多、少、低。

多：指的是报考的门类多，包括理科类、文科类、音乐类、美术类、传媒类、港澳台联招类、中国学生参加外国考试类、外国学生参加中国高考类等。

少：一是指的是考生总数少，只有 360 人，缺乏规模效益；二是指每个类别的学生都比较少，个别类别只有几个考生，但是仍然要组织备考；三是老师少，高三政史地都只有一个老师，缺乏备考氛围。

低：指的是入口成绩低，整个年级高一入口成绩达到东莞中学正取线以上的只有 1 人。

二、主要做法：三个阶段

第六学期的备考工作分为三个阶段而各有侧重。

第一阶段备考工作的关键句是"落实十大抓手"，这十大抓手包括：抓目标、抓标高、抓重点、抓过程、抓策略、抓教研、抓培补、抓协作、抓奖惩、抓管理，这"十大抓手"也是整个学期的总的备考思路。

"一模"之后进入第二阶段，备考工作的关键句是"让目光聚焦考生"，重点是抓好三件大事，一是要突显二轮复习的几个关键，包括复习特点的把握、复习内容的取舍、备考方法的优化、复习本质的体现等；二是要突出辅导工作的几类重点，包括特优生、临界生、末位生、港台生、传媒生、体艺生等；三是要突破教学工作的几个难点，主要是课堂氛围问题，教学效率问题，试题质量问题。

"二模"之后进入第三阶段，备考工作的关键句是"为高考做好全面准备"，主要是要抓好五个"点"，即巩固得分点，盘查缺漏点，挖掘增长点，制造兴奋点，突破关键点。

三、问题困惑：三项建议

1.建议"二模"全市统一阅卷。

2.市里发布的高考数据，请尽量涵盖所有的考试类别。

3.及时发布新的高考改革的有关信息，并组织研讨相应的应对策略。

欲与天公试比高

（本文是为东莞市 2012 年高考总结会提供的经验材料，
载《东莞市 2012 年高考总结会材料汇编》）

2012 年,我们南开实验学校的第三届高考再创佳绩:392 名毕业生在校内外参加各类高考,67 人达到重点本科线(含各种考生类别,后同),重本率 17.1% ;本科线以上总人数 258 人,本科率 65.8% ;专科线以上总人数 380 人,总上线率 96.9% 。各层次上线人数均大大超过市商定目标,也大大超过本校前两届高考。理科 1 人达到北京大学投档线获录中国人民大学、28 人达到中山大学投档线、52 人达到南京大学投档线。文科和美术均实现重点本科零的突破,各有 3 人达到重点本科线,其中文科 3 人全部达到南京大学投档线,美术 1 人术科联考成绩荣获东莞市第一名。

高考,南开终于再创新高!

这份成绩,凝聚着市教育局各位领导的关心与厚爱,也凝结着市教研室各位专家的智慧和心血,更凝集着全体南开人的光荣与梦想。

这份成绩,来源于南开教师高昂的教育热情,来源于南开课堂高效的教学效率,来源于南开教研高质的研究成果。

一、优化管理,教育热情逐浪高

要取得优异的高考成绩,教师是最关键的因素,在任何一个学校,要说每个教师都很优秀那绝对是罔顾事实,我们必须得承认"没有完美的个人"。但是我们完全可以通过有效的管理手段很好的整合现有的人力资源,实现有机的互补和有力的提升,实现"只有完美的团队"。只要这个团队完美了,在这个团队中的每个个体都热情高涨信心百倍地投入工作之中,我们的事业就大有希望了。

怎么样建设一个完美的团队呢,我们的做法是紧密围绕三个"公"字认真实施,即质量公开、机会公平、评价公正。

一是质量公开。我们公开地响亮地提出了南开高中部的部训是"用成绩说话,凭质量立足"，旗帜鲜明地将追求质量作为我们一切工作的中心，也作为凝聚人心的共同的价值取向，作为建设"完美团队"的行为准绳，大张旗鼓抓质量，全力以赴保高考，从不畏惧被扣上应试教育的帽子。我校高中部每学期举行三次大型考试，即期初考试、期中考试和期末考试，每次考试之后，成绩统计表全部公开，二次分析表再次公开，质量考核表人人公开，奖金发放表有限公开。因为有质量导向引领在先，接着又有质量考核鞭策于后，同时还有质量舆论萦绕于耳，这就有力地促使全体教师将质量意识融化于心，外显于行，优质很光荣、劣质不光彩逐渐就成为了一种风尚、一种自觉和一种文化了。因此，在我们学校，从来不搞签名上下班，从来不搞打卡上下班，更不要老师按手印，而整个教师队伍的工作积极性却日益高涨。

二是机会公平。当老师都有了高昂的工作热情之后，所需要的就是要有公平的工作机会了。我们明确的用人原则是量才录用、人尽其才，决不搞论资排辈，决不搞请客送礼，决不搞拉帮结派，领导对教师的考核、评价、奖惩、任用等完全依据教师本人的表现、能力、素质和业绩，绝不是取决于教师与领导的私人关系。干部不是不讲感情，但绝不感情用事。我们提出了"整体循环，局部微调"的用人办法，只要能跟级任职的教师都给予跟级任职的机会，实在需要微调的也让被调整的教师口服心服，让其他教师也"见不贤而内自省"。我们老师的工资绝对体现多劳多得，奖金严格体现优质优酬。同时我们也认真处理好效率与公平的关系，以奖金为例，我们每学期三次大型考试之后的质量都要与奖金挂钩，绝大多数教师的奖金都是一样的，成绩进步最大的部分教师有加奖，成绩退步最大的部分教师则有减奖，这一方面体现了在公平基础上的效率，另一方面也有力地促进了竞争，既给予老师公平的机会，又促使教师珍惜机会，把握机会。

三是评价公正。当老师有了高昂的工作热情，而且也有了一展身手的舞台之后，紧接着就是如何评价的问题了。如果评价不公正、不科学，老师的热情将马上熄火，老师的身手将自然萎缩。以教学质量评价为例，为了实现评价的公正，我们首先明确了评价的基本原则——"用成绩说话"，而不是成绩之外的其他任何东西；其次，我们出台了《南开实验学校高中部教学质量动态量化考核方案》，用方案来进行评价和考核。而这个方案，第一是可比的，第二是动态的，第三是经过老师们反复讨论修改完善并最终认可的，是老师们共同的智慧结晶。即使这个方案本身还有瑕疵，但是仅就"在制度面前人人平等"这一点来说也体现了它的公正和无私。

我们每个学期每个年级进行三次大型考试,所有考试严格按照高考要求进行,每次考试之后都运用《教学质量动态量化考核方案》进行质量考核,再根据考核结果发放质量奖金,不仅很好地体现了激励性、公正性,而且还很好地发挥了方案本身对于教学工作的导向性。

公开、公平、公正,对现今的我们来讲还显得稀缺,正因稀缺,倍显珍贵,试想,一旦拥有,谁不珍惜? 谁不雀跃?

二、深化课改,教学效率节节高

给每个教师创设公开、公平、公正的工作环境之后,教师的工作热情日益高涨,争创辉煌业绩的风气蔚为壮观,我们紧接着的任务就是帮助教师燃烧热情,助力教师谱写辉煌了。于是,我们将重点放在了课改,聚焦到课堂。

我们主要狠抓了两个方面,一是明理念,二是重行动。

(一)明理念

现在理念满天飞,模式一大堆,搞得许多教师诚惶诚恐,无所适从。我们在实行"拿来主义"的基础上紧密结合学校实际,明确地创造性地提出了三类教学理念,作为我校深化课改,提高效率的指针。

一是不同学科的教学理念。我们认为,不同学科具有不同的学科特点,因此不同学科也应该具有不同的教学要求,不应该用一个固定的模式去生搬硬套。我们的基本要求是:语文求"大",数学求"多",英语求"广",综合求"精",会考求"简"。语文求"大",就是要求老师和学生都要树立大语文的观念,要有大课程观、大教材观、大课堂观,比如坚持海量的课外阅读,比如坚持每天收看晚间新闻,比如养成处处留心皆学问的习惯等,努力形成"开窗放入大江来"的学风;数学求"多",就是要多讲多练多辅导,举三反一,举一反三;英语求"广",就是要广泛地阅读、广泛地记忆、广泛地运用;综合求"精",就是要努力掌握最精要的、最精干的、最精华的内容;会考求"简",意即简洁、简明、简单,再具体点就是"知识要点化,要点习题化,习题系列化"。

二是不同时段的教学理念。我们认为,不同时段的教学也应该具有不同的任务、要求和方法,也不应该千篇一律地套用一个固定的模式。我们提出:新授课要弄懂一个一个的点,一轮复习要连点成线,二轮复习要连线成面,三轮复习要连面成体,不能把任何时候的课都上成一个模样。

三是各个学科各个时段共同的课堂教学理念。虽然学科有别,时段有异,但是作为课堂还是有它共性的特点和要求,于是我们提出了"五有十性"课堂教学基本要求,"五有"是脑中有考纲(熟悉所教知识点在考纲中的要求及高考考查的情况)、心中有教材(对所教知识点把握准确,胸有成竹,游刃有余)、眼中有学生(尊重学生,了解学生,以人为本,因材施教)、耳中有信息(将各种相关信息整合成为必要的有价值的教学资源)、手中有绝活(具有比较独特的且产生了很好效果的方式方法);"十性"是预设性(目标明确,设计合理,有高质量的教案、学案或预学案等)、生成性(能正确处理课堂生成的有关问题并巧妙转化为教学资源)、自主性(引导并组织学生自主预习、自主学习,教师不越俎代庖)、合作性(师生之间、生生之间有效合作,避免教师"一言堂")、探究性(引导学生主动思考、质疑、实验、探究,避免照本宣科)、基础性(注重基础知识和基本技能,绝不好高骛远)、启发性(注重点拨、引导、启发,杜绝"满堂灌",摒弃"填鸭式")、生动性(追求生动活泼,风趣幽默,避免死气沉沉)、特色性(体现该学科、该课型的特点,具有鲜明的特色与个性)、实效性(课堂有显著效果,学生有明显收获)。

(二)重行动

为了将上述理念转化为教学行为,我们狠抓了公开课这个平台的搭建工作,努力通过公开课的听课、评课活动的开展来促使教师落实这些理念、深化这些理念,并进而推进我校课改的深入和课堂效率的提高。

每学期我们都要开展全员赛课活动,课型包括"同题课"、"评卷课"、研讨课、观摩课等,每学期开学即做好整个学期的统一安排,包括时间、课题、课型、班级等等,所有公开课都到我们专门装备的赛课室进行,同一学科的教师全部参加听课,听课的教师人手一份《"五有十性"高效课堂评价表》,当堂打分,课后即由教学处统分并反馈给教师本人,当天晚上在我们专门开辟的评课室参加评课,先由讲课的教师自评,再由中心发言人主评,再由每个听课教师补评,最后由有关领导总评。评价的基本原则就是看有没有落实"五有十性",有没有体现学科特点、年级特点、阶段特点,有没有真正落实以学生为本并体现教师本人的个性特色,课堂效果究竟如何以及还可以怎么改进以实现更好的效果。对于确实精彩的,我们再安排展示给整个学部甚至整个学校的教师观摩、学习、借鉴;对于确有问题的,我们及时提出整改要求并安排时间重新听课整改。

课堂是教师的用武之地，也是教师的练武之地，我们既给教师提供用武之地，还促使教师在这个舞台上不断地锻炼，不断地打磨，不断地成长。不断地坚持下去，课堂效率就不断地提高上去。把这些平平凡凡的事情都做好了，我们的质量也就不平凡了。

三、强化研究，教研质量步步高

教师的教育热情有了，怎样永保它热情不减？教师的干劲来了，怎样永续它长盛不衰，我们给出的最佳答案是：教研。

我校教研主要包括教材研究、教法研究、学情研究、教情研究、考情研究和高考信息研究等。由于研究任务繁重，白天教学工作又繁忙，所以我们就将研究工作一律放在晚上进行。白天搞教学，晚上搞研究。一个晚上研究一个主题，一个晚上完成一项议题。对每个老师来讲，每个学期都要参与几次研究工作，而对于学部领导来讲，平均每周大约有三个晚上是在跟老师一起挑灯夜战。

到了高三，我们将高考信息研究作为教研的重中之重。

我们认为，在所有的高考信息中，高考考纲、高考考卷和高考年报是最重要的三大信息源。"考纲"提醒我们将会怎么考，"考卷"告诉我们究竟怎么考，"年报"启发我们还会怎么考。我们每年都要开展三大高质量的"高考论坛"活动，即考纲研究、考卷分析、年报解读。每次论坛开办之前，我们都要印发一份比较详细的工作提纲，包括论坛目的、研究内容、研究方法、研究重点、研究分工等，要求每个教师根据学部印发的工作提纲开展研究工作，写出研究报告。报告电子档传学部存档，文字稿在学部举办的论坛上宣读，宣读之后接受与会者的提问，解答与会者的质疑。学部还将特别好的研究成果推荐到校报、校网或者更高层次的报刊发表。为了促使全体教师高度重视高考信息研究工作，我们干脆将"备课组"改名为"备考组"，并且让"备考组"接受教研组与年级组的双重领导，承担起备课、备考的双重职能。我们通过这些系列研究活动的开展，促使教师较好地把握了高考的特点与规律，明确了高考备考的方向与重点，使"脑中有考纲"的要求落到了实处，从而也有效地提升了高考竞争的效率与实力。

高昂的热情，高效的课堂，高质的教研，必然带来高端的高考成绩。但是，我们清醒地知道，南开才刚刚刚刚起步，南开还非常非常稚嫩。我们不能比生源，不能比历史；也不想比加班加点，不想比题海战术，我们所做的一切都只是为了心中的那个梦——欲与天公试比高！

努力打造高考竞争"巧实力"

（为东莞市教研室提交的 2012 届高考总结报告）

2012 年，我们南开实验学校的第三届高考再创佳绩：392 名毕业生在校内外参加各类高考，67 人达到重点本科线（含各种考生类别，后同），重本率 17.1%；本科线以上总人数 258 人，本科率 65.8%；专科线以上总人数 380 人，总上线率 96.9%，各层次上线人数均大大超过市商定目标，也大大超过本校前两届高考。理科 1 人达到北京大学投档线获录中国人民大学、28 人达到中山大学投档线、52 人达到南京大学投档线。文科和美术均实现重点本科零的突破，各有 3 人达到重点本科线，其中文科 3 人全部达到南京大学投档线，美术 1 人术科联考成绩荣获东莞市第一名。

这是市教育局和市教研室各位领导、各位专家关心指导的结果。

这是我校 2012 届全体师生勇于进取、不懈拼搏的战果。

这更是我校全体教职工精诚团结努力打造高考竞争"巧实力"的丰硕成果。

高考是实力的竞争。优质的生源、一流的师资和完善的硬件是形成硬实力的基本要素，严格的管理与高强度的投入是形成软实力的基本前提。但是，由于高考是一项系统工程，高考的成败不是取决于某一个或某几个因素的制约，而是取决于对影响高考诸因素的有效的整合和巧妙的运用，单纯依靠某一个或某几个条件就想打造高考竞争的硬实力或软实力都是不可能的。我校的做法是：正视办学实际，整合现有资源，积极打造具有南开特色的高考竞争"巧实力"。

打造高考竞争"巧实力"的途径很多，我校主要是以学校文化建设为抓手来打造竞争"巧实力"，主要包括三大方面，即管理文化建设、教学文化建设和教研文化建设。

一、管理文化建设

要巧妙整合影响高考的各种因素,主要的手段就是管理。但是,如果学校管理仅仅停留于行政管理的层面,而没有上升到管理文化的层面,那是不可能形成学校"巧实力"的。

建设学校管理文化,我们紧密围绕三个"公"字予以展开,即质量公开、机会公平、评价公正。

一是质量公开。我们响亮地提出了南开高中部的部训是"用成绩说话,凭质量立足",旗帜鲜明地将质量作为管理文化的核心要义和价值追求,大张旗鼓抓质量,全力以赴保高考,决不遮遮掩掩,毫不羞羞答答,这是作为管理文化核心要义的公开。我校高中部每学期举行三次大型考试,即期初考试、期中考试和期末考试,每次考试之后,成绩统计表全部公开,二次分析表再次公开,质量考核表有限公开。因为有质量导向引领在先,接着又有质量考核鞭策于后,同时还有质量舆论萦绕于耳,这就有力地促使全体教师将质量意识融化于心,外显于行,优质光荣、劣质难受逐渐就成为了一种风尚、一种自觉和一种文化了。在我们学校,从来不搞签名上下班,从来不搞打卡上下班,更不要老师按手印,而整个教师队伍的工作积极性却日益高涨,原因正在于此。签名上下班、打卡上下班、按手印上下班的,表现出的是"想要老师做好",教师是被动的,这种管理没有"文化"含量,有辱教师斯文,而质量引领的文化管理追求的则是"老师想要做好",教师是主动的,是"不用扬鞭自奋蹄"的境界。

二是机会公平。当老师都有了想要做好的冲动之后,所需要的就是要有公平的机会了。我们明确的用人原则是量才录用、人尽其才,决不搞论资排辈,决不搞拉帮结派,领导对教师的考核、评价、奖惩、任用等完全依据于教师本人的能力、素质和业绩,绝不是取决于教师与领导的私人关系。干部要讲感情,但绝不感情用事。我们提出了"整体循环,局部微调"的用人办法,只要能跟级任职的教师都给予机会,实在需要微调的也让被调整的教师口服心服,让其他教师也"见不贤而内自省"。我们老师的工资绝对体现多劳多得,奖金严格体现优质优酬。同时我们也认真处理好公平与效率的关系,以奖金为例,我们每学期三次大型考试之后的质量都要与奖金挂钩,绝大多数教师的奖金都是一样的,成绩进步最大的部分教师有加奖,成绩退步最大的部分教师则有减奖。这一方面体现了在公平基础上的效率,另一方面也有力地促进了竞争,既给予老师公平的机会,又促使教师珍惜机会,把握机会。

三是评价公正。老师想干出成绩,而且也有机会干出成绩之后,怎么样评价教师是否真的干出了成绩以及谁干出的成绩大、谁的成绩小、谁的成绩有退步,这种评价是管理上最棘手的事情。比如某次考试某语文教师平均分是100分,某数学教师平均分是90分,这两个教师的质量孰优孰劣? 又比如,某次考试,某英语教师平均分比全年级高了5分,而某物理老师的平均分比全年级只高了3分,又如何评价,教公办班的和教民办班的又如何评价,等等。这种评价问题如果解决不好,老师的积极性势必受到极大的挫伤,即使工资再高,奖金再高,只要评价方案本身不科学,那么再高的待遇也提高不了积极性。造成评价棘手这个问题的关键是什么呢,是没有解决可比性的问题,即不同学科之间没有可比性,同一学科不同层次的班级之间没有可比性,同一班级前后几次考试的成绩之间没有可比性,因为没有可比性,当然就没法进行评价了。

怎么办? 我校探索出了一套有效的解决办法。我们知道,之所以没有可比性,是因为使用了原始分记分和原始分简单相加,这就好比你挣了100英镑,我挣了90法郎,他挣了80日元,究竟谁挣得多呢,不可比,那就都折合成美元吧,都折合成美元就可比了,就知道你我他究竟谁挣得多了,就可以对你我他的成绩进行评价了,而教学成绩评价的这个"美元"就是——名次。

我们运用名次对各科成绩进行评价,对每次成绩进行分析,一个1000字以内的质量考核奖励方案就巧妙地解决了困扰质量考核的棘手问题,不仅给教师以公正的评价,更是为形成以质量为核心要义的管理文化及其高考竞争"巧实力"的打造巧妙地扫清了技术障碍。

二、教学文化建设

教学是一种行为,但教学如果仅仅停留于行为的层面也形成不了"巧实力"。如果说我校管理文化指向的是教师,即让教师具有质量意识的自觉,那么,我校的教学文化指向的就是学生,即整个教学都是为学生服务。

我校教学文化的内涵主要表现在以下方面:

　　一是课堂教学理念,我们提出了"五有十性"课堂教学基本要求,即脑中有考纲、心中有教材、眼中有学生、耳中有信息、手中有绝活;预设性、生成性、自主性、合作性、探究性、基础性、启发性、生动性、特色性、实效性,以此作为各个学科课堂教学共同的基本的要求。

　　二是学科教学理念,主要包括:语文求"大"、数学求"多"、英语求"广"、综合求"精"、会考求"简",以此作为不同学科课堂教学的基本要求。

　　三是不同课型的教学理念,我们提出新授课是一个一个的点,一轮复习要连点成线,二轮复习要连线成面,三轮复习要连面成体,以此作为不同时段不同课型课堂教学的基本要求。

　　我们还提出了"十大教学策略"、"十大备考策略"、"十大备考训条",等等,以此作为教学文化建设的基本内容。

　　正如评价问题是管理文化建设的难点一样,教学评价同样也是教学文化建设的难点。什么才是好成绩,什么才是好质量,这个问题能否解决是衡量一个学校的教学行为有没有文化高度的关键。平均分高质量就好吗,未必;优秀率高质量就好吗,也未必。假设有这么一个极端的例子:某班有 40 名学生参加高考,语文、数学、英语、综合每科各有 10 人得满分,对语文、数学、英语、综合的老师来讲,他们在这个班各有 10 个满分,牛! 满分率高达 25%,牛! 优秀率肯定也牛! 平均分大概也牛!但是这是否就敢保证这个班的升学率也一定很牛呢,不一定! 假如各科的 10 个满分刚好是同一群体的 10 个人,那么这个班至少可以上 10 个清华北大,牛! 但是如果这各科的 10 个满分的得主只有部分重合,那么就只有几个能上清华北大,又假如这各科的 10 个满分的得主没有一个是重合的,完全就是各自 10 个人,而又假如这各自的 10 个人的其他各科又都考得极为糟糕,那么这个班不仅一个清华北大上不了,还可能一个本科甚至一个专科都上不了,所有的满分都大大贬值甚至成为无用分。

　　这就涉及到一个评价导向的问题,用平均分、优秀率、高分率、及格率等指标进行评价,它指向的是教师,只能说明某个教师教得怎么样,教育管理部门以此来评价教师、评价学科、评价学校是有意义的,但是高考上场的毕竟是学生,学生的高考成绩又看的是学生自己四大科的总成绩,而不是教某个学生的四大科的教师的成绩,因此,在学校这个层面,要提高高考竞争力,就必须把以教师为指向的评价体系调整为以学生为指向的评价体系，即从学生的角度，从有利于提高学生个人的总成绩的角度，从有利于提高班级上线率的角度进行评价。

这又涉及到一个技术问题，技术的关键是引导教师从关注自己教学的平均分等指标转移到关注自己所教学生的成绩排名，并进而努力使自己所教学生该科排名尽量不低于其总分排名。也就是说，要让每个教师都心往一处想，劲往一处使，齐心协力促使每个学生都尽量不出现明显的"短板"。

而要教师把这个要求变为行动，仅靠动员是不够的，仅讲道理也是不够的，还必须要有相应的评价体系去导向、去促进、去内化。为此，我们出台了全新的《高中教学质量动态量化考核方案》，每学期三次大型考试成绩出来之后，我们都运用此方案进行考核评价，严格与奖金兑现，严肃进行整改。在我们的方案中，没有平均分的概念，没有优秀率的概念，只有一个关键词——名次。因为我们要导向的不是关心教师的教学成绩，而是导向到关注学生，关注每一个学生个体是否均衡发展、协调发展、全面发展。

培优补缺，这是老师们的口头禅，但到底什么是优，什么是缺，如果这个优和缺都没有搞清楚又怎么去培怎么去补。同样是 90 分，对有的学生来讲是优，对别的学生可能就是缺。而不同学科之间，假如某生语文得了 90 分，数学得了 80 分，究竟哪科是优哪科又是缺。这些问题的解决都只有遵循一个科学的角度——学生的角度，借助一个最有价值的因素——名次。这一问题解决好了，教学文化的形成就有可能了，"巧实力"的打造就有希望了。

三、教研文化建设

如果说我校的管理文化指向的是教师，教学文化指向的是学生，那么教研文化指向的则是高考。在影响高考"巧实力"形成的诸要素中，教师与学生是最最重要的因素，而既然是要打造高考"巧实力"，那么高考这个指挥棒就尤为重要，是决定整个高考方向与效率的关键因素。我们的教研工作与管理工作、教学工作一样，不是仅仅停留于行动的层面，更不是仅仅流于形式的层面，而是努力追求通过教研文化的建设把握高考的特点、规律、动态与方向，从而形成高考竞争的"巧实力"。

我校教研文化建设主要包括教材研究、教法研究、学情研究、教情研究、考情研究和信息研究等主要内容，其中信息研究是高三教研的重中之重。

我们认为,在所有的高考信息中,高考考纲、高考考卷和高考年报是最重要的三大信息源,"考纲"提醒我们将会怎么考,"考卷"告诉我们究竟怎么考,"年报"启发我们还会怎么考。我们每年都要开展三大高质量的"高考论坛"活动——考纲研究、考卷分析、年报解读,力求通过这些研究准确把握高考的特点与规律,明确高考备考的方向与重点,提升高考竞争的效率与实力。

高考是一项系统工程。优质的生源、优良的师资、一流的硬件、严格的管理、高强度的投入,等等,都可能在一定程度或一定范围助推高考竞争的硬实力或软实力,但要从整体上赢得与其办学条件相对应的高考成绩,仅仅依赖于某一方面的因素是不够的,特别是对于像我们南开实验学校这样一所办学仅六年、高考仅三届、生源属于二流以下水平的民办学校来讲,任何一个方面都没有优势可言,就更难于依靠某一硬件或软件形成竞争的实力。但是只要我们巧妙地整合各种要素,精心打造"巧实力",也同样可以成就令人欣慰的办学业绩。

(执笔 张 文)

东莞中考"考卷分析"示例

(2014 年东莞中考语文第一小题分析)

1. 根据课文默写古诗文。(10 分)

(1)人恒过然后能改,□□□□□□□□,征于色发于声而后喻。(《孟子》两章)(1 分)

(2)客路青山外,□□□□□。□□□□□,风正一帆悬。(王湾《次北固山下》)(2 分)

(3)□□□□□□□,五十弦翻塞外声。沙场秋点兵。(辛弃疾《破阵子》)。(1 分)

(4)《归园田居(其三)》中,写陶渊明早出晚归,表现他闲适恬淡心境的句子是:□□□□□,□□□□□。(2 分)

(5)默写李白的《闻王昌龄左迁龙标遥有此寄》。(4 分)

□□□□□□□□,□□□□□□□□,
□□□□□□□□,□□□□□□□□。

解读：

1.从考查古诗文的时代顺序来看,5 个小题,涵盖了先秦、唐、宋、魏晋南北朝时期,而且基本上是按照时代顺序先后安排考查。

2.从各时代考查的数量来看,5 个小题中,唐代 2 小题,其他各 1 小题,表明对唐诗更重视。

3.从考查的体裁来看,5 个小题中,包含了散文、律诗、宋词、绝句、田园诗,涵盖了初中所学的古诗文的主要类型,覆盖面广,其中格律诗 2 小题,其他各 1 小题,表现出对格律诗的格外重视,重点突出。

4.从考查的方式来看,第(4)题是理解性默写,其他题都是直接默写,说明是以直接默写为主要考查方式;而直接默写的四道题中又有变化:(1)(2)(3)是部分直接默写,(5)是全诗直接默写,而部分直接默写也有变化:(1)(3)各写一句,(2)写两句,说明考查方式灵活多样。

5.从默写的位置来看,(1)(2)是给两头写中间,(3)是给后头写前头,"给两头写中间"要容易一些,故考两题,而且放在"给后头写前头"试题的前面,体现了试题顺序从易到难的编排。

6.字数都是确定的,具有较好的提示作用。

7.都有作者、题目、出处,非常确定,也具有提醒作用。

8.都有分值,而且怎么给分一目了然。

9.都是必背课文,都是名句名篇,便于学生复习备考,

10.每个要求默写的句子中都有学生容易写错的字,如"八百里分麾下炙"中的"麾"、"炙",因此应加强对易错字的重视。

2. 备考之"术"

高考升学奖分配方案

东莞市南开实验学校

（为东莞南开高中 2014 届拟订的高考升学奖分配方案）

一、奖金来源:公司拨付的高考升学奖金。（上线人数及奖金额均以公司认定的为准）

二、奖励对象:第六学期仍在高考岗位的教师、第四学期仍在会考岗位的教师及其他有关人员。

三、奖励办法:

分为甲类（体艺术科教师）、乙类（文化课教师及其他教辅人员等）两个部分分别计算奖金。

在分类计算高考奖金之前,先根据高考录取情况,将所有上线学生都折算成一般本科。折算方法为:

重点本科每 1 人按 3 个本科计算。其中对获录南开大学、中山大学、南京大学、复旦大学、浙江大学、中国科技大学、上海交通大学、中国人民大学的每 1 人按 9 个本科计算,对获录清华大学、北京大学、香港大学、香港中文大学、香港科技大学及境外同档次名牌大学的每1人按12个本科计算。

音乐单招、美术单招、体育单招、传媒单招、港澳台联招、"两校联考"、参加国外高考、外籍学生在华参加高考等各种特殊类别上线学生经核实之后(以录取通知书为准)按上述计算办法的60%计算,其中下达升学指标时属于班级目标数以内的学生按实有人数计算。

专科每1人按0.5个本科计算。

折合之后每个本科的奖金基数 = 全年级高考奖金总数÷全年级折合之后的本科总人数。

(一)甲类:奖励艺术、体育科教师

甲类教师高考奖 = 年级高考总奖金÷折合之后的本科总数×折合之后的该科本科数÷2

(二)乙类:奖励文化课教师及其他教辅人员等

乙类奖金总额 = 年级高考总奖金 - 甲类高考奖金总数

1. 班级奖

占乙类奖金总额的50%,奖励高三文化学科教师。

根据各班目标完成情况将奖金分配到班,再根据该班每个教师的高考成绩将该奖金分配到教师个人。

各班班级奖金总额 = 乙类奖金总额的60%÷各班目标完成率之和×该班目标完成率得分

各班目标完成率得分 = 各班上线数÷各班目标数。

会考成绩没有达到相应要求的不能计算在内。

(1)班级管理奖:占该班该项总奖金的10%,用于奖励该班班主任。

(2)教师业绩奖:占该班该项总奖金的90%,采用以下两种办法的一种进行分配:

分配办法之一:如果能够及时获取各科的高考有效分,就根据该班各科有效分人数进行分配。

教师业绩奖 = 该班该项总奖金的90%÷该班各科重本、本科、专科有效分人数之和×该科重本、本科、专科有效分人数(文/理综合再乘以2)

分配办法之二：如果不能够及时获取各科的高考有效分，就根据该班各上线生各科平均名次分分配给各高考学科教师。

教师业绩奖＝该班该项总奖金的90%÷该班各上线生各科名次分之和×该科名次分（文/理综合再乘以2）

各科名次分＝年级参考总人数－该班该科平均名次

无论是用办法一还是办法二进行分配，文/理综合都按两个单科对待。同一个班级综合科三名教师的奖金按两部分进行分解，其中50%根据市"一模"考试成绩分配，具体办法如上；另外50%根据高考成绩由三名教师平均分享。

如果个别高考科类不能获得高考成绩的数据，就用该生的"一模"、"二模"成绩的名次的平均值代替。

"班级奖"如有剩余部分，就纳入"调节奖"予以分配。

2. 学科奖

占乙类奖金总额的27%，奖励高考文化学科教师。

根据语文、理数、文数、英语、理综、文综六大学科的高考平均分在全市所有民办学校中的排名进行等差分配，不同名次的学科之间奖金不同，同一学科的教师之间奖金相同。

3. 会考奖

占乙类奖金总额的3%，奖励本届高二会考学科教师。

教师个人会考奖＝该项总奖金÷24×该教师所教班级数－扣奖金额

扣奖办法：学生高考成绩达到一本或二本、专科录取线的，如果其会考成绩没有达到相应的等级要求，按照每生50元的标准扣减有关会考科教师的奖金，扣完为止。

4. 协作奖

占乙类奖金总额的10%，用于奖励本届体育公共课教师、教学干事、德育干事、生活老师等教育教学辅助人员。

5. 级长奖

级长奖金总额＝该年级各班"班级管理奖"的平均值×1.5×全年级重点本科目标完成率。

以上各项奖励汇总之后，再根据教师在本届任教时间的长短进行加权：以学年为计算单位,任教一年的(含不满一年的)享受本人总奖金额的90%,任教两年的(含不满两年而多于一年的)享受本人总奖金额的95%,任教三年的(含不满三年而多于两年的)享受本人总奖金额的100%。

6. 调节奖

以上各项奖励之后出现的剩余部分全部用于调节奖,用于本方案未考虑到的其他各种特殊情况的奖励,按照教师申报——学部公示——总校研究的程序评定奖励额度。

补充说明:本方案从2014届第五学期开始公开征求意见并不断修改完善,于"一模"前定稿。计算高考奖时如还有其他特殊情况,在坚持本方案的基本原则的基础上,由高三教师平等协商研究确定具体处理办法。

2014 年 3 月 3 日

抓 分 十 招

(在学校举办的"高考论坛"上的讲话提纲)

1. 凭教学抓分:认真贯彻"十大教学策略",真正实现教学"五个有",用老师高质量的教学为学生抓分。

2. 凭基础抓分:强化基础知识的教学与基本技能的训练,切忌好高骛远。就绝大多数学生而言,要确保基础题人人得满分,中档题尽量不丢分,高难题能得几分就几分。

3. 凭标高抓分:精心确定每个学生的标高,认真落实分层教学分层作业,让每个层次的学生都能拿到他所能拿到的最高分。

4. 凭培补抓分:加强对于优秀学生的补缺和拔高工作,避免因偏科(尤其是末位学科)影响总分,力争用优科拉高总分。

5. 凭辅导抓分:作业全批全改,错题面批面改,确保练习得满分,考试得高分。

6. 凭训练抓分:建好用好《好题集》《错题集》,真正落实"相似性反复",努力追求"零失误",确保见过的题目不丢分。

7. 凭规范抓分:有意识地加强规范化训练,竭力避免过失性丢分。

8. 凭情商抓分:注重非智力因素培养,促使学生自觉地主动地去抓分,顽强拼搏,百折不挠。

9. 凭集体抓分:进一步加强集体备课和听评课,促进师师互动,班班互动,不断提高每个教师和每个班级的均分。

10. 凭关爱抓分:关注学生身心状况,确保每个学生全面的、均衡的、可持续的发展,不断夺取更高的考分。

班主任怎样抓升学

（在学校举办的"班级备考论坛"上的讲话提纲）

一、树立五种意识

1. 责任意识:对学生的责任,对学校的责任,对家长的责任,对社会的责任。

2. 目标意识:整体目标与个体目标,长远目标与阶段目标。

3. 大局意识:识大体,顾大局,不斤斤计较。

4. 效率意识:讲究方法,追求效率。雷厉风行,绝不拖沓。

5. 奉献意识:为学生奉献才华,为社会奉献知识。不能凡事讲待遇,讲价钱。

二、落实十大抓手

1. 抓管理,实现一个"正"字。班风、学风、考风。

2. 抓服务,突出一个"勤"字。保证学生学好,吃好,休息好,心情好。

3. 抓协调,追求一个"和"字。学科之间、学生之间、师生之间、家校之间。时间的分配,作业的多少。

4. 抓习惯,讲究一个"细"字。从每一个细节抓起,养成良好的学习习惯与答卷习惯。

5. 抓方法,实践一个"优"字。学科均衡,基础优先,标高适度,举一反三。

6.抓身心，追求一个"好"字。（性格）豁达开朗，（精神）适度紧张，（身体）劳逸结合，（思想）永不言弃。

7.抓培补，体现一个"实"字。特别是关注特优生、目标生的培补工作。从座位的安排、寝室的布局、科代表的任命、课余时间的协调、与科任老师的配合等多方面入手。

8.抓竞合，展现一个"浓"字。在学生中鼓励竞争，促进合作，追求双赢。

9.抓士气，保证一个"足"字。使全班随时保持高昂的士气和不懈的进取精神。

10.抓优生，突出一个"爱"字。时刻关注优生，竭力关爱优生，充分发挥优生的先锋带头作用。

成功的秘诀，尽在一个"补"字

（在汕头市 2005 年高考总结大会上的经验介绍）

汕头市潮阳新世界中英文学校是深圳市卓识教育管理顾问有限公司于 1999 年 8 月创办的一所集中小幼为一体的全日制寄宿制民办学校，建校至今虽然只有短短的六年时间，但两届高考却是捷报频传，声名卓著：2004 年首届高考，217 人参加，216 人上线，总上线率居汕头市第一名；2005 年 235 人参加高考，215 人达到专科 A 线以上，上省线率居汕头市第一名，1 人夺得汕头市高考总分第 4 名和潮阳区高考总分状元，顺利考取清华大学，184 人达到本科录取线，本科率居汕头市第 2 名，潮阳区第 1 名。高考成绩享誉粤东，升学质量蜚声潮汕。

回首三四年前，我校开始创办高中的时候，由于建校时间较短，办学效益还不十分显著，因而招生非常困难，即使通过减免学杂费等优惠措施也难于招收到高质量的初中毕业生，当时招收的学生的中考成绩基本上处于全区中下水平，生源状况令人忧心忡忡。而三四年之后，我校高考却连战连胜，捷报频传。其成功的原因是多方面的，而最为重要的一点我们认为应归功于一个"补"字。"水桶理论"告诉我们，水桶的容量不是取决于它最长的那块木板，而是取决于它最短的那块木板。同样的道理，在影响高考的众多因素中，哪块木板最短，怎样将最短的木板补长，这就是我们经常在思考的问题，也是我们着力解决的问题。在坚持不懈的"补"的过程中，我们的学生与名校学生的差距在消失，我们的老师与命题组老师的距离在缩短，我们的管理与高考要求的水平在接近。

一、"补"学生：让我校学生与名校学生的差距不断消失

高考的较量直接表现为学生之间的较量，论"入口"，我校招收的高中生明显比重点中学的学生"短"了一大截，而"出口"却又只准成功不准失败，怎么办？补！充分利用高中宝贵的三年时间，将我校学生与名校学生的这段"差距"补起来。怎么补呢，最根本的举措就是要实施"三年备考"，而我校"三年备考"的核心就是"六个有"，即"人人有高考目标、科科有高考计划、班班有高考阵容、时时有高考意识、天天有高考题练、月月有高考演习"。

人人有高考目标　我们不仅制订了明确的学校高考总目标，而且还将目标分解到班，分解到科，分解到人。尤其是在针对每一个学生制订个人目标方面，我校做了精心的策划。一是个人目标与自身实际要一致，总的原则是"跳一跳能摘到桃子"。我校两届高考各批次上线率均进入汕头市最前列，与我校为每个学生量身制订符合实际的个人目标很有关系。二是将每个学生的最终目标与阶段目标有机统一，对于那些不能有效达成阶段目标的，我们会及时有针对性地予以补救，通过阶段目标的有效达成来实现其最终目标。

科科有高考计划　我们根据广东高考特点并结合我校寄宿制管理的实际，有效利用我校独特的时间优势，小班优势，整体师资优势，对高中三年综合考虑，通盘安排，形成了具有本校特色的教学计划，其基本思路是"跑一跑能冲到前面"，具体要求是"两年上课，一年复习"。在时间上争取主动，用时间来赢得空间，通过三年持续不断的"小跑"，不断追赶名校，一步一步地缩短与名校生源的差距。

班班有高考阵容　在仅仅依靠行政手段来配备师资的学校，往往是骨干教师人数有限，因而高三的师资配备得较强，而基础年级却可能照顾不到。我校充分发挥民办学校自主用人的独特优势，从全国各地重点中学精心选聘至少有两届毕业班工作经验的教师加盟，从而保证每个年级和每个班的师资都具有高三的阵容。与此同时，我们还建立了一整套考评奖惩机制，如班级管理效果排行制，教学质量动态量化考核制，考试成绩末位追究制，等等，竭尽所能为每个教师创造公正公平

的竞技舞台,保证人尽其才,才尽其用。优良整齐的师资队伍和公正严明的考评机制有效地弥补了我校在生源方面的劣势,为我校夺取高考的全面胜利提供了有力的保障。

时时有高考意识　有的学校三年高中可以一言以蔽之——"高一松,高二疯,高三冲,高考一场空"。我校从创办高中开始就决心要避免这种现象,为此,我们努力培养师生的高考意识,具体包括时间意识、分数意识、名次意识、竞争意识、拼搏意识、全面发展意识、可持续发展意识等,从高一开始就像高三一样常抓不懈。

天天有高考题练　从高一开始,我们就坚持每天让学生训练适量的高考真题,让学生尽早并尽量接触高考试题,促使学生建好自己的《试题集》、《好题集》、《错题集》,通过日积月累,不断培养和锻炼学生的解题技巧与应试技能。

月月有高考演习　我们几乎每个月都组织月考,每次月考从试卷的命制、考室的布置、考试的实施、试卷的评阅到分数的统计、成绩的分析,每个环节都严格按照高考的标准来要求。每次月考的成绩与教师收入紧密挂钩,与学生评优紧密挂钩。通过这种仿真的高考演习不断提高教师的教学技能和学生的实战技能,促使学生在这种持续不断的训练中茁壮成长。

二、"补"老师:让我校老师与命题组老师的距离不断缩短

高考的较量还突出地表现为老师之间的较量,这不仅指的是各个学校之间老师的较量,而更主要地表现为一线教师与命题组之间的较量。一般来说,命题组精英云集,他们总是想玩一线老师于股掌,一线老师总是被命题组牵着鼻子走,一线老师往往是事后诸葛亮。如果能够通过我们的努力让一线老师想命题组之所想,做命题组之所做,促使一线教师也能够站在命题组的高度来处理一线的具体问题,那么,高考的胜利也就可以预期了。在这种思路的指导下,我们创造性地开展了高考信息及对策研究工作,力图通过这种研究,让我校老师与命题组老师的距离不断缩短。

为了搞好高考信息及对策研究工作,我们确立了校级科研课题《高考信息及对策研究》,发动全体高中教师都参与到这项工作中来,学校印发了《与命题组同行——高考信息及对策研究大纲》,其主要内容包括:

1. 研究目的:吃透高考信息,掌握高考规律,把握高考方向,提高备考效率,夺

取高考全面胜利。

2.研究目标:使每个老师在整个教学过程中真正做到脑中有考纲、心中有教材、眼中有学生、耳中有信息、手中有绝活。

3.研究内容

(1)考纲考题研究:分学科组、备课组仔细学习近几年的考试说明,逐项逐条逐句逐字进行深入研究,将每一条考试说明分解为具体的考点,就每一个考点在整个知识体系中对号入座找到相应的应该掌握的知识点,将每一个知识点已经出现的题型和可能出现的题型一一列出,并用以前的考卷和模拟卷深化对于该考点的认识,针对该知识点按照已经出现的题型和可能出现的题型精心命制训练题,让学生在训练的过程中明确考查点,掌握知识点,把握采分点。

研究方法:一是对比研究,将本年度的考纲、试卷与前几年的考纲、试卷对比研究,从中发现异同,从近几年考试说明中寻找变化的轨迹,把握本年度的命题趋势;二是分项研究,即是对高考考点进行细化研究,以备课组为研究单位,形成系统的文字性的研究成果;三是仿真研究,即是在研究考纲的基础上,根据每个考点和每科考卷命制模拟试题,进行仿真训练,实现每个知识点的强化训练与逐项过关;四是超前研究,即是立足考纲,吃透考纲,同时超越考纲,因为从历年试卷来看,总的原则是遵循考纲但不拘泥于考纲,所以必须在吃透考纲的基础上还要有所超越。

(2)教材教法研究:包括教材体例与内容研究,新旧教材对比研究,基于新教材的高考对策研究,"大综合"模式下的教学方法研究等。

(3)学生学情研究:内容:A知识现状;B发展潜力;C身心素质;D应往届生的不同;E男女生的区别;方法:每天一次小型分析,每次考试之后进行重点分析,开好成绩分析会或师生恳谈会。

(4)方法对策研究:在以上三大研究的基础上把握本年度高考特点,明确高考对策,制订出切实可行的应试方案。

4.研究形式

以备课组为单位进行研究,全员参与,高三任课教师为所教学科《高考信息及对策研究》主研人,所有研究成果均要形成书面报告,中学部分学科召开"高考对策研讨会",主研人向"研讨会"提交研究报告并在"研讨会"上作中心发言,全体与会人员对研究报告发表意见与建议。

三、"补"管理：让我们的管理与高考要求的水平越来越近

管理是影响高考的最为重要的因素，有好的学生不一定有好的高考成绩，有好的老师也不一定能夺取高考的胜利，将老师、学生这些因素进行有机整合的手段就是管理。客观地讲，高考的要求是很高的，在理论上肯定高于中学教学，不然怎么通过高考来选才呢？因此，我们又该思考的问题就是怎样让我们的管理适应高考的需要，尤其是教学管理，核心是教学的过程管理，怎样才能达到高考的高度。为此，我校精心实施了"教学过程最优管理策略"，具体包括十大策略，即研究性备课、科学性教学、系统性复习、专题性突破、选择性训练、仿真性测试、拓展性讲评、针对性矫正、相似性反复、全局性过关，要求每个老师不折不扣地遵照执行。

研究性备课：不准照抄现成的教案，每个教师必须在自主研究或小组研究的基础上写出适应本班学情的个性化教案，做到备教材、备教法、备学生、备学法，实现分层备课，分节备课。要用老师的厚积薄发去换取学生的事半功倍。

科学性教学：上课要做到"四性"——准确性、针对性、时效性、实战性；教学效果要实现"四清"——堂堂清、天天清、月月清、人人清。

系统性复习：教给学生完整的知识体系，让学生明确每一个知识点在整个知识体系中的地位与作用，在高考考纲中的地位与作用，在历届高考中出现的情况，避免"只见树木不见森林"的现象发生。

专题性突破：举办专题讲座，实施专题强化，实现专题突破。

选择性训练：训练实行"1＋X"，即以一种精选教辅资料为主，再从多种教辅资料中精选相关训练内容，为学生提供最为优质的"加餐"。

仿真性测试：每次考试从试卷的命制、题型的编制、题量的多少、考室的布置、考试的实施、试卷的评阅到分数的统计、成绩的分析，每一个环节都严格按照高考的标准来要求，努力追求仿真的训练效果。

拓展性讲评：反对按部就班一成不变地评讲试卷和作业，提倡拓展性讲评，向宽拓展，向深拓展，向前拓展，向后拓展，向新拓展，向旧拓展。通过老师的举一反三，实现学生的触类旁通。

针对性矫正：针对学生在学习过程中出现的问题进行个别化的矫正，重点是落实一个"补"字，根据"水桶理论"，不断地加长学生最短的那块木板，不断增加学生

的知识、方法与能力的总容量。

相似性反复:促使教师与学生都建立起自己的题库,包括《试题集》《好题集》、《错题集》,对于做过的题目,过一段时间再进行相似性训练,看经典性的试题能否举一反三,看曾经做错的题是否已经会做。这就是我们常说的"伤其十指不如断其一指","十鸟在飞不如一鸟在手"。

全局性过关:每一个知识点都必须实现全局性过关,当然我们所谓的全局性过关并不是搞"一刀切",而是分层次的,一般将作业分为三个层次,不同层次的学生应该完成不同层次的作业,这样长期训练下来,好的能上个重点,一般的能上个本科,差一点的也能上个专科了。

立足本校生源现状,我们确定了以"补"促考的备考策略,两年高考的成绩充分证明,这种策略是完全正确的,是非常切合我们这种面上普通中学的实际的。"补",让我们缩短了与重点中学的差距;"补",让我们终于身强体健,一再笑傲考场!

正确处理高考备考中的三对关系

(在高三备考会议上的讲话提纲)

一、就备考资源而言要处理好考纲、课标、教材、教辅四者之间的关系

(一)四者之间的关系应该是:"考纲优先"

(二)为什么要"考纲优先"

考卷依据的是考纲,教材依据的是课标,编写考纲和考卷的与编写课标和教材的根本不是一个部门,编写考纲和考卷的部门管的是考的问题,编写课标和教材的部门管的是教的问题,省级以上是考教分离,只有市级以下才是考教一体,既然是研究广东省的高考备考,当然就应该实施"考纲优先",而不是课标优先,也不是教材优先,更不能教辅优先。

有人会觉得应该教材优先,还美其名曰"万变不离其宗",意思是只要把课本上的基础的东西夯实了，无论怎么考试都能应对，岂不知高考命题依据的是考纲而不是教材，而现在的教材是一纲多本，任何一种版本的教材都不是命题的依据，它只依据考纲命题。换言之，任何一种教材无论掌握得多好，最多只能说明"备教"备得好，而不代表"备考"备得好。

（三）怎样落实"考纲优先"

要落实"考纲优先"，首先就必须认真研究考纲，这里的考纲是一个广义的概念，主要包括考试大纲及考试说明、高考试卷、高考年报，考试说明告诉我们高考会怎么考，高考试卷告诉我们高考就是这样考的，而高考年报呢，它是考试中心自己觉得高考究竟考得怎么样，这三个东西构成了考试中心指挥高考的一个完整流程。

尤其是要认真研究考试说明，明确哪些是应考点、已考点、常考点、未考点。考纲上有而教材上没有的必须补讲，教材上有而考纲上没有的可以不讲。

要以考纲上的考点为顺序，以教材里的知识点为载体。将教材作为夯实基础，形成能力的载体，但不是唯一的载体。

二、就备考范围而言要处理好三个世界之间的关系

新高考试题喜欢新材料、新情景，这既是新高考最显著的特点，也是应对不同版本教材的需要。因此应该"立足书本世界，放眼生活世界，关注情感世界"。

老师的教要"立足书本世界，联系生活世界"，学生的学要"立足生活世界，回归书本世界"。

三、就备考内容而言要处理好全面与重点的关系

（一）重点学生

目标生、临界生、特优生、末位生。

（二）重点学科

1. 每个目标生、临界生的薄弱学科尤其是末位学科。

2. 每个特优生的优势学科。

3. 前阶段每个目标生的数理学科。

4. 后阶段每个目标生的记忆学科。

（三）重点知识

1.从考纲的角度来看,经常考试的考点("常考点")和新高考还没有考过的考点("未考点")所对应的知识就是重点知识。(要落实"考纲优先")

2.从学生的角度来看,应该掌握而又还没有掌握的知识就是重点知识。(要体现"以人为本")

3.从教材的角度来看,最能诠释考纲上的考点的知识就是重点知识。

4.从考试的角度来看,基础知识就是重点知识。("基础不牢,地动山摇")

5.从课外的角度来看,各种重大事件就是重点知识。(要做到"耳中有信息"并能将热点问题试题化)

(四)重点试题

1.就所有学生而言,基础题、常考题、经典题、变式题都应作为重点试题。

2.就每一个学生个体而言,他那个层次本应会做但实际上又不能做的试题就是重点试题。(要做到"眼中有学生")

3.就高考考纲而言,能够很好地将考点试题化的题目就是重点试题。

4.就高考信息而言,诠释考纲最好、联系现实最紧、材料情景最新的试题就是重点试题。

5.就高考性质而言,设问精当,干扰巧妙,能够很好地检测学生能力与素质的试题就是重点试题。

6.就高考年报而言,年报上给予充分肯定的试题肯定就是重点试题。

(五)重点能力

要强化能力培养,各个学科在努力培养考纲所要求的、该学科所要求的能力的同时,还要重点培养十大基本的应试能力,即:书写能力、表达能力、计算能力、理解分析能力、归纳概括能力、演绎迁移能力、探究能力、想象能力、鉴赏评价能力和信息处理能力。

(六)重点问题

1.心理问题;2.情感问题;3.高原问题;4.毅力问题

高中复习阶段应该正视的十对关系

（在高中第五学期期中考试质量分析会上的讲话提纲）

一、三轮复习之间的关系

三轮复习要做到整体规划，分步实施。

目前要坚定不移地搞好第一轮复习，严格按照考纲的体例构建起完整的知识体系，眼光向下，夯实基础。

第一轮复习的同时要适度穿插。要做好第二轮复习的各项准备。

一轮复习依据教材，二轮复习整合教材，三轮复习回归教材。

二、考纲、课标、教材之间的关系

坚持"考纲优先"，根据考纲构建并完善知识体系（第一轮），根据考纲确定并突破重点专题（第二轮）。

新高考的"新"不只是新在模式，主要是新在理念，而这种理念主要体现在各科的课程标准之中，高考考纲及考卷无一例外地都要体现新课程的理念，反映本学科新课程标准的整体要求。对于新课程，我们必须明确目标上的三个维度，内容上的三个世界，把握在考试方面的三个新的特点："限难、放活、求新"。

省考试院院长："要……命制符合新课程改革实际，富有广东特色，满足高校选拔招生需要的高质量试题。"

以考纲上的考点为顺序，以教材里的知识点为载体。将教材作为夯实基础，形成能力的载体，但不是唯一的载体。

三、平时练习、双周检测与大型考试的关系

平时练习自己搞，双周检测小组搞，大型考试学部搞。

练习、检测主要体现同步性，大型考试必须体现仿真性。试题要体现基础性、

时代性、地域性。

综合科的双周检测分科进行，大型考试合卷进行，期末考试前再适当进行合卷训练，下学期均进行合卷考试。

练要追求准确度（精选试题）、熟练度（限时训练）、新颖度（新材料新情景）、舒适度（享受到摘到桃子的喜悦）。

有讲必练（考），有练（考）必评。老师先做，学生后考。

四、三大科与综合科以及综合科内部各科之间的关系

三大科影响能否考上，综合科影响能否考好，两手都要抓，两手都要硬。

各科总体要求是：语文求"大"，数学求"多"，英语求"广"，综合求"精"。

三大科更要强调知识的系统性，综合科更要强化知识的主干性。

综合科并非综合实力拼盘，因此综合科的成败取决于各个单科的成败，要以期末统考特别是下学期"一模"、"二模"分科成绩作为综合科教师教学质量评价和高考奖金分配的主要依据。

五、知识传授与能力培养的关系

知识是基础，能力是关键；知识是命题的外在形式，实质是对于能力的考查。

每讲解一个知识点，每命制一个检测题，都必须具有明确的能力意识。

既要重视本学科考纲要求的能力，也要重视各个学科都应该关注的基本的应试能力，如书写能力、表达能力等。

能力不是"讲"出来的，能力是"练"出来的。

六、讲与练、课内与课外的关系

讲与练都要突出一个"精"字。老师的"讲"要博观约取，厚积薄发；学生的"练"要分层要求，快速反馈。

"讲"要理论联系实际，"练"要实际回归理论。"讲"要从书本世界到生活世界，"练"要从生活世界到书本世界。

"讲"要追求高效，"练"要练得高兴。

"练"可以在课内也可在课外，但是"讲"只能在课内，早晚自习均不得讲课。

七、面向全体学生与狠抓四类学生的关系

"面向全体"是根本，"狠抓四类"是关键。

火箭班主要目标是争名牌，重点班主要目标是保本科，平行班主要目标是争上线。

火箭班要从前头抓起，重点班要从中间抓起，平行班要从后边抓起。

课内主要是面向全体，课外主要是面向个体。

八、均衡发展与重点发展的关系

要努力追求高考六个学科的均衡发展，解决明显的"短板"现象。

要努力实现学生身心和谐发展，确保可持续的发展后劲。

要在六个学科均衡发展的基础上实现重点发展：不均衡的学生重点是解决"短板"，均衡的学生重点是加长"长板"。

学科均衡发展的前提是摸清学生现状，措施是个别辅导。

九、刻苦拼搏与适度休整的关系

刻苦拼搏与适度休整二者缺一不可，要严格作息制度，保证睡眠时间，反对疲劳战术。

"刻苦拼搏"有赖于老师对学生的严格要求，"适度休整"有赖于老师对自身的严格要求——老师高水平的教学是学生能够"适度休整"和敢于"适度休整"的重要前提。

十、个人努力与团体作战的关系

无论学生还是教师都要发扬团队意识。

学生之间没有根本的利害冲突——因为不是把名额分到学校，而是与全省几十万考生竞争。

教师之间没有根本的利害冲突——都是为了提高我们学校的竞争实力，都能够从对方的利益中获得实惠。

个人要使出全力，团队要形成合力。

每个人的开阔胸襟是形成和谐团队的基础,在要求别人做到之前首先自己做到。综合科更需要团队作战。

高中第五学期备考工作的"十大要领"

(在东莞南开高中 2013 届第五学期备考会上的讲话提纲)

一、认清严峻形势

1.从全省的情况来看,升学形势愈加严峻,考生人数持续增加,但招生计划趋于稳定,因而上本科还是不容易,上重本更是很艰难。

广东省 2011 年、2012 年录取情况统计(根据有关新闻稿整理):

	2011 届(共65.5 万考生)		2012 届(共69.2 万考生)	
	录取数	比例	录取数	比例
一本	约4.5 万	6.8%	4 万余人	5.8%
二A	约10.4 万	15.9%	10.5 万	15.2%
二B	约7.7 万	11.8%	8.7 万余	12.6%
本科合计	约22.6 万	34.5%	24 万	34.7%

2.从东莞的情况来看,公办五大校坐享招生的政策优势,东华、光明尊享办学的先发优势,再加上虎外虎视眈眈,咱们想要跻身于全市的前列实属艰难。

3.从我校的情况来看,三届三大步,一年胜过一年,尤其是 2012 届高考的辉煌成绩,对于 2013 届来讲,既是鼓舞,更是压力。

届 别	重点本科上线人数	本科以上上线人数	专科以上上线人数	中大以上录取人数	最高录取院校
2010 届	16	105	253	4	中山大学
2011 届	44	217	328	5	中山大学
2012 届	67	258	380	15	中国人民大学

二、明确升学目标

总目标：各条录取线上线人数及比例均比 2012 届略有增加，即重本 70 人（含纯文理应往届、港澳台及音体美统招，不含音体美单考单招，下同）、本科以上 260 人、专科以上 380 人，并力争有学生考取清华、北大等一流名校。

分解办法：依据责任共担的原则，根据各班生源构成、成绩现状、未来潜力、目标预期等将年级总目标分解到班。

各班奋斗目标：（加号之后的是港澳台学生。目标确定之后，如无特殊情况，进人不加指标，出人不减指标）

科 类	文科				理科						合计
班 次	六	七	八	小计	一	二	三	四	五	小计	
总人数	52	48	38	138	54	53	53	46	44	250	388
重点本科	1＋3	1＋1	1＋2	9	4＋1	6＋2	38＋5	0＋5	、	61	70
本科以上	35	33	15	83	49	49	52	16	11	177	260
专科以上	50	47	37	134	54	53	53	44	42	246	380
生源层次	平行班		艺术班		实验班			精英班	平行班		

三、明了备考内容

1. 知识范围（十大世界）：考纲世界、教材世界、教辅世界、考卷世界、生活世界、媒体世界、情感世界、心灵世界、虚拟（想象）世界、理论世界。

2. 能力要求（十大能力）：书写能力、表达能力、计算能力、理解分析能力、归纳概括能力、演绎迁移能力、探究能力、想象能力、鉴赏评价能力、信息处理能力。

3. 身心素质：身体状况、心理状态、思想品质、精神状态。

4. 应试技巧：用纸、用笔、用时、用心、用情、卷面、顺序、取舍、表达、计分，等等。

四、明晰备考思路

年级总体思路——面向全体抓重点，分类分层分阶段。

面向全体：严格要求每一个学生及学生的每一个方面，形成浓厚学风，确保名次有意义，力争人人能升学。

抓重点:狠抓重点学生(目标生、特优生、临界生、末位生)、重点知识、重点能力、重点技巧。

分类:文科类、理科类、音乐类、美术类、体育类、传媒类、港澳台联招类、国外高考类等多类并举;统考、单考、自主招生、特长招生、国外留学、港澳联招等多路并进,构建升学立交桥。

分层:分层施教,分层辅导,分层作业,个别面批,确保优等生吃得饱、中等生吃得好、后进生吃得了。

分阶段:整体规划,分步实施;大处着眼,小处着手;分步复习,适当穿插。

五、优化备考策略

1."十大教学策略":研究性备课、科学性教学、系统性复习、专题性突破、选择性训练、仿真性测试、拓展性讲评、针对性矫正、相似性反复、全局性过关。

2."十大备考策略":考纲优先策略、均衡发展策略、补短策略、扬长策略、"零距离"策略、"零失误"策略、"考点试题化"策略、"考试信息试题化"策略、"教研成果试题化"策略、"总体战"策略。

3."十大备考训条":确定合适的标高、从"临界生"抓起、"从最短的木板补起"、"有所为有所不为"、"伤其十指不如断其一指"、少丢分就是多得分、多考一分都是福、在错题中淘金、既要"举三反一"更要"举一反三"、不留白卷。

六、深化备考研究

在内容方面,首先要深入开展《高考信息及对策研究》。主要研究课题:2012届成败得失研究、2012年考卷研究、2012年年报研究、2013年考纲研究、2013届学情研究、2013届教情研究、2013届信息研究、2013届备考策略研究。其次,要认真搞好常规教研工作,真正落实研究性备课。

在目标方面,要做到以下几点:

1.要实现"五有",即脑中有考纲、心中有教材、眼中有学生、耳中有信息、手中有绝活。

2.要落实"十性",即预设性、生成性、自主性、合作性、探究性、基础性、启发性、生动性、特色性、实效性。

3.要追求"十化"，即抽象问题形象化、枯燥知识生动化、复杂问题简单化、模糊问题清晰化、书本知识生活化、热点问题课程化、深奥原理浅显化、繁杂问题要点化、陈旧知识新颖化、理论知识试题化。（简称"三化"——知识要点化、要点习题化、习题系列化）。

七、强化备考管理

1.教师管理

全程坐班，全神贯注，全力以赴。

2.学生管理

课堂管理，寝室管理，课余管理，补课管理。

3.教学过程管理

（1）进度要通盘安排　年级（至少是本年级同一层次或同一类型）统一，适度超前。高三要确保在市一模（约3月中旬）前完成第一轮复习，在市二模（约4月下旬）前完成第二轮复习。

（2）过程要严格监控　要严格教学常规检查，强化教学过程监控，及时发现并处理教学过程中的各种问题。

（3）时间要分秒必争　要利用好一切课余时间，原则上两周回家一次。

4.教学质量管理

1.搞好每次考试、检测的成绩分析、反思与整改。

2.实现考试、检测信息的及时沟通与反馈。

3.落实教学质量动态量化考核方案，完善高考升学奖方案，以考试成绩作为教学质量过程评价和升学奖评定的最主要依据。

4.将教学质量和升学考试质量作为教师评价、使用的最主要的依据。

八、树立备考意识

1.质量（分数、名次）意识；2.责任意识；3.时间意识；4.效率意识；5.竞合意识；6.拼搏意识；7.奉献意识；8.大局意识；9.长远意识；10.危机意识。

九、打造备考优势

1.管理优势；2.时间优势；3.备考策略优势；4.分层教学优势；5.小班教学优势；

6.培优补缺优势;7.竞争优势;8.团队优势;9.教研优势;10.多元升学优势。

十、加强对外交流

1.加强与兄弟学校的联系。2.加强与各级教育研究部门、考试中心的联系。

高中第六学期备考工作的"十大抓手"

(在东莞南开高中2014届第六学期备考会上的讲话提纲)

一、抓目标

(一)内容

力争352人达到专科线以上,其中220人达到一般本科线以上,其中41人达到重点本科线,力争有学生考上全国最顶尖高校。

(二)措施

1.目标分解:将奋斗目标分解到各班。

2.对象锁定:由班主任牵头,明确各班各层次培养对象。每个教师务必做到心中有数,目标一致,行动配合协调。期末考试没有达到相应有效分的目标生要重点辅导。

3.过程监管:强化过程管理,不断分析问题查找问题解决问题,力争以每一个细节的完美实现结果的完美。

4.质量考核:模拟考试成绩与绩效奖直接挂钩,高考目标完成率与该班升学奖紧密挂钩,与教师今后的任用去留直接挂钩。

二、抓标高

(一)标高的把握

依据之一:广东省高考关于难度比例的基本设置——易中难3:5:2。

依据之二:广东省高考录取线,即根据近几年高考录取分数线确定2014届教学标高。

（二）标高的确定：以上两个依据告诉我们，只要中低档题不丢分（即每科120分左右）就可以上重点本科线；只要每科能稳拿70%的分数（即每科100分左右）就能上一般本科线。因此，我们确定教学标高的整体思路是：中下层生源，中低档试题。也就是说，就面上而言，必须将目光锁定在难度在中低档的试题。

三、抓重点

（一）狠抓重点学生

1.狠抓目标生以增强针对性。

2.狠抓临界生以提高升学率。

3.狠抓特优生以提高含金量。

4.狠抓末位生以提升总成绩。

（二）狠抓重点学科

1.每个目标生、临界生的薄弱学科尤其是末位学科。

2.每个特优生的优势学科。

3.前阶段每个目标生的数理学科。

4.后阶段每个目标生的记忆学科。

（三）狠抓重点知识

1.从考纲的角度来看，经常考试的考点（"常考点"）和近几年高考还没有考过的考点（"未考点"）所对应的知识就是重点知识。（要落实"考纲优先"）

2.从学生的角度来看，应该掌握而又还没有掌握的知识就是重点知识。（要体现"以人为本"）

3.从教材的角度来看，最能诠释考纲上的考点的知识就是重点知识。（要落实"以本为本"）

4.从考试的角度来看，基础知识就是重点知识。（谨记"基础不牢，地动山摇"）

5.从课外的角度来看，各种重大事件就是重点知识。（要做到"耳中有信息"并能将热点问题试题化）

（四）狠抓重点试题

1.就所有学生而言，基础题、常考题、经典题、变式题都应该作为重点试题。

2.就每一个学生个体而言,他那个层次本应会做但实际上又不能做的试题就是重点试题。(要做到"眼中有学生")

3.就高考考纲而言,能够很好地将考点试题化的题目就是重点试题。

4.就高考信息而言,诠释考纲最好、联系现实最紧、材料情景最新的试题就是重点试题。

5.就高考性质而言,设问精当,干扰巧妙,能够很好地检测学生能力与素质的试题就是重点试题。

6.就高考年报而言,年报上给予充分肯定的试题肯定就是重点试题。

（五）狠抓重点能力

要强化能力培养,各个学科在努力培养考纲所要求的该学科所要求的能力的同时,还要重点培养十大基本的应试能力,即:书写能力、表达能力、计算能力、理解分析能力、归纳概括能力、演绎迁移能力、探究能力、想象能力、鉴赏评价能力和信息处理能力。

（六）狠抓重点问题

1.心理问题;2.情感问题;3.高原问题;4.毅力问题

四、抓过程

（一）抓计划

1.时间的统筹;2.进度的编制;3.考试的安排;4.资料的准备;5.课表的编排。

（二）抓检查

1.教案的检查;2.课堂的检查;3.作业的检查;4.辅导的检查。

（三）抓检测

1.次数要适宜:学部模拟考试、学科统一考试、专题过关检测等。2.实施要仿真:命题、监考、阅卷等。3.分析要透彻:成绩与问题,经验与教训等。

（四）抓分析

1.学生的学情分析;2.教师的教情分析;3.班级的班情分析;4.学科的科情分析。

（五）抓整改

1.学生问题的整改;2.教学问题的整改;3.班级问题的整改。

(六)抓活动

1.学生大会;2.高考誓师;3.考纲研究;4."每人一招";5.学法论坛;6.分班分析;7.家校联系。

五、抓策略

1.十大教学策略:研究性备课、科学性教学、系统性复习、专题性突破、选择性训练、仿真性测试、拓展性讲评、针对性矫正、相似性反复、全局性过关。

2.十大备考策略:"考纲优先"策略、均衡发展策略、基础性策略、"试题化"策略、"零失误"策略、"零失败"策略、"零距离"策略、扬长策略、补短策略、"总体战"策略。

3.十大备考训条:确定合适的标高、选准抓手、"从最短的木板补起"、"伤其十指不如断其一指"、"有所为有所不为"、少丢分就是多得分、多考一分都是福、在错题中淘金、既要"举三反一"更要"举一反三"、不留白卷。

4.五大教学要求:脑中有考纲、心中有教材、眼中有学生、耳中有信息、手中有绝活。

六、抓教研

1.研究考纲。深入开展《高考信息及对策研究》。

2.研究考卷:准确把握考卷的方向性以及试题体现的基础性、时代性、地域性、探究性、开放性、迷惑性等。重点研究广东卷、全国卷以及上海等教育文化发达地区的高考试卷,要把握试卷的评分标准并提出有效的应对策略。

3.研究年报:了解考试中心对于去年的考卷的评价,从中获得应有的启发与灵感。

4.研究教材。重点把握教材与考纲对应的内容、广东省内不同版本教材共同的内容。

5.研究教法。要认真落实"五有十性"要求,努力实现"教学十化",即抽象问题形象化、枯燥知识生动化、复杂问题简单化、模糊问题清晰化、书本知识生活化、热点问题课程化、深奥原理浅显化、繁杂问题要点化、陈旧知识新颖化、理论知识试题化。

6.研究信息。对信息要广泛搜集、充分占有、精心挑选,努力实现信息试题化、试题成果化。

七、抓培优

1.明确培优对象:所有任课教师必须目标一致。本学期要抓紧搞好本科达线艺术生的补课工作。

2.加强补缺工作:特别要充分利用好每次模拟考试的排名,及时地有针对性地加强"补缺"工作,根据学生存在的问题,知识性的补,技能性的教,过失性的防。

3.追求零失误:建好用好《错题集》,错题反复练,实现零失误。

4.讲究方法效率:思想鼓励,课堂关注,个别辅导,作业面批,错题过关。

5.加强协调:时间的分配,学生精力的承受能力。

八、抓协作

1.要求:搞好四个协作体——班级协作体、学科协作体、年级协作体、部门协作体。

2.措施:思想教育、行政手段、经济杠杆。

九、抓奖惩

进一步完善升学奖方案,使之更具有激励性、导向性、公正性、科学性,要切实体现班级目标与奖金挂钩,坚决执行教师升学奖取决于教师自身的教学质量。

十、抓管理

1.教师的管理:自律与他律结合,严于律己,争创第一。

2.学生的管理:要促使学生全身心投入、全方位发展、全过程拼搏。

把握高考特点，笑傲 2010

（在南开高中 2010 届第六学期颁奖典礼暨全体师生大会上的讲话提纲，根据讲话 PPT 整理）

特点之一：选拔性

解读：高考是为了给高等院校选拔人才，既然是选拔，就必然要将考题分为容易题、中档题、难题三个档次，这三个档次的比例一般为 3:5:2。

启示：

1. 高考有不会做的题目是正常的。

2. 确定适合自己的复习标高非常必要。

3. 要有所为有所不为。

特点之二：层次性

解读：高考是分层次录取，每个层次的要求是不同的。主要有重点本科、一般本科、专科三个层次，09 年三个层次的情况为：

录取层次	理　科			文　科			单科目标
	09 录取线	09 科平分	10 目标分	09 录取线	09 科平分	10 目标分	
重点大学	585	117	120	587	117	120	120
二本院校	507	101	105	507	101	105	105
专科学校	365	73	80	360	72	80	80

启示：1. 每科获得 80% 的分数就能上重点本科线，每科获得 70% 的分数就能上一般本科线，每科获得一半的分数就能上专科线：高考其实并不难。

以文科为例	语文	数学	英语	选综	总分
09 届五期	95	91	84	203	474

以文科为例	语文	数学	英语	选综	总分
09 届高考	100	95	93	225	512
增加	5	4	9	22	38
08 届高考	107	103	93	221	525
10 届五期	99	66	82	169	415

2.再次说明确定适合自己的标高非常必要,要有所为有所不为。

特点之三:基础性

解读:试题易、中、难的比例分别为 3:5:2,高考三条录取线分别为均分 120、105、80,这两组数据构成了一对非常值得重视的对应关系,那就是:容易题＋中档题＝30%＋50%＝120 分

启示:

1.基础决定成败。

2.一般的策略应该是:确保容易题得满分,力争中档题不丢分,争取压轴题能得分。

3.要有所为有所不为。

特点之四:全面性

解读:高考是对考生德智体各方面素质及能力的全面的检测,绝不仅仅是考查学生掌握了多少知识。

启示:

1.要全面提高德智体各方面的素质:

德育:要严于律己,树立正确的人生观、价值观;

智育:要基础优先,全面发展;

心理:要正视各种高考病,要善于调节,要尽力保持阳光心态。

体育:身体才是本钱,切莫废寝忘食。

抓紧每一分钟学习不如抓紧学习的每一分钟。

2.要努力掌握每个学科必备的能力。

3.要具备十大基本的应试能力:书写能力、表达能力、计算能力、理解分析能

力、归纳概括能力、演绎迁移能力、探究能力、想象能力、鉴赏评价能力和信息处理能力。

特点之五:主干性

解读:主干知识是支撑各个学科知识体系的基础,也是高考考查的重点。

启示:

1.明确各个学科的主干知识、核心知识及其各个知识点之间的相互联系。

2.将各个学科的主干知识、核心知识作为复习备考的重点。

特点之六:干扰性

解读:干扰性或者叫迷惑性,是高考试题命制的重要特点,尤其是在选择题中。

启示:

1.要准确把握各种概念、定义的内涵和外延,切忌囫囵吞枣。

2.要善于运用比较的方法进行复习,在比较中把握特点,避免混淆。

3.对于平时的试题答案不仅要知其然还要知其所以然。试题是做不完的,重要的是明确方法,掌握技巧。

4.要建立试题集、好题集、错题集,加强相似形训练。谨记:"伤其十指不如断其一指"。

特点之七:开放性

解读:开放性的试题没有固定的一成不变的答案,而是根据考生的回答来判断其认知水平和能力水平。

启示:

1.要在平时努力培养自己的分析理解能力。

2.平时做主观题的时候要勤于思考,勤于动笔。

3.要掌握开放性试题的基本的答题技巧,千万不要留白卷。

4.回答问题鼓励创新但千万不要出格。

特点之八:时代性

解读:高考命题绝不仅仅局限于课内的范围,更不是局限于某一种教材,好的高考试题往往具有鲜活的时代气息,是课内课外知识的有机整合。

启示:

1.要立足书本世界,放眼生活世界,关注情感世界。

2.学习要从课内延伸到课外,做题要从课外回归到课内。

3.要努力实现高考信息的试题化。

特点之九:地域性

解读:各个省市要想命制出具有一定特色的高考试卷,往往会在地域性方面下工夫。

启示:

1.要把握广东省近几年的高考试卷区别于其他省市试卷的主要特点。

2.要关注教材和各种高考信息中有关广东的重要内容。

3.要关注广东省近一年来的重大事件并将它试题化。

特点之十:公平性

解读:高考是我国选拔录取人才的最为公平的方式。

启示:

1.要敬畏高考,珍惜高考。

2.高考对待每个人都是相同的,每个人对待高考却是不同的,因此,决定成败的因素不是高考,而是考生。

3.我们的态度应该是:尽力而为,问心无愧。

3. 应考之"术"

广东高考"应考36计"

（根据广东高考特点整理的应考法宝，每年高考前印发给高三全体学生）

1. 按时作息，健康饮食，保持平常心态。

2. 穿自己最喜欢的服装，保持愉悦心情。

3. 至少准备两套符合要求的考试文具。

4. 考前上厕所，考试中途尽量不如厕。考前、考时尽量少饮水。

5. 准考证交班主任保管，由班主任收发。

6. 微笑进考场，礼貌待考官。

7. 不带手机等任何违禁物品进考场。

8. 理性应对金属探测仪检查。

9. 对自己的考试座位、考试环境、监考老师等要喜欢，不要心生厌恶。

10. 以平常心对待高考，感觉紧张时，可以进行深呼吸，或者搓搓手，揉揉眼进行调整，但动作幅度不要大，以免被认为是违纪。

11. 不作弊，不违纪，防止被动违纪。凡是违纪的责任自负。

12.拿到试卷后不匆忙答题。要先看试卷和答题卡有多少张、多少页、有无破损等，再看条形码上的信息与准考证的是否一致。如有问题要及时举手提出。

13.在答题卡规定的位置用黑色钢笔或签字笔填写姓名、考生号、试室号、座位号。别着急，别出错。

14.用2B铅笔在答题卡上根据所发试卷填涂试卷类型（A或B）。（平时没有区分过AB卷，务必小心！"凡是未填涂或填错A或B试卷类型的，答卷无效"）

15.正确粘贴条形码。（平时没有做过，务必小心！）

16.答题前要浏览全卷，大致了解试题的数量、类型、分值和试题的难易，进而确定相应的作答顺序、时间等。

17.一律直接在答题卡上作答，不要先在试卷上作答然后再往答题卡上涂或写，以免造成时间不够或涂号错位。

18.选择题务必看清是选择"正确的"还是"错误的"等限制语。

19.选择题一定要选，要尊重第一次答案，一般不要改动。

20.主观题一定要在规定的区域内作答，不要换位，不要越位。

21.选做题一定要在答题卡上将选择的题组号旁边的方框"□"用2B铅笔涂满涂黑。（"漏涂、错涂、多涂选做题信息点，选做题答案无效"）

22.书写要规范，不得使用繁体字及网络符号等。"需要修改的，可用黑色笔直接修改，严禁使用涂改液、修正带"。尽量不要换答题卡，以免时间不够。"要保护好答题卡，保持答题卡卷面整洁、清楚，不能折叠答题卡或在书写过程中造成答题卡破损，以免影响答题卡的扫描"。

23.可以在试卷上勾画，但是不要在答题卡上做任何标记，以免被判作弊。

24.先易后难，难题别缠，掌握时间，合理取舍。

25.交卷之后不核对答案，考试结束不计较得失。

26.关于作文：要舍得花一定的时间审题。必须要有标题并写在首行正中。至少要有三段，无论如何要写满规定的字数（或必要的行数）。要写自己拿手的文体，不要标新立异，不要写成诗歌、文言等。不要使用不规范的方言、网络语言、网络符号等。作文主题要积极、阳光，符合主流价值观。

27.关于数学：要注重时间分配，选择填空平均每小题2-3分钟为宜，前三道解答平均12分钟为宜；尽量抽出10-15分钟解决难题中的易得分点。

28.关于英语:阅读理解题,建议先做广告类的信息匹配题和新闻报道类的应用文,再做人物、故事类的记叙文,最后做科普类的说明文和夹叙夹议的议论文。平时成绩在70分以下的同学建议先做信息匹配题和写作题。中午起床后可大声朗读一至二篇英文范文或最喜欢的英诗、短文,以恢复语感。

29.主观题要看分答题、分点答题,要注意"限制性设问"与"开放性设问"的区别,要尽量写,尽量多写几点,尤其是回答开放性、探究性的试题时。

30.无论理综还是文综,都要采取"总分为大"的策略,而不计较单科的得分。

31.每个学科都要努力遵循该学科的解题步骤,使用该科的学科术语规范答题。

32.不要被陌生的新颖的名词术语吓倒,要绕过术语洞悉其最本质的解题方法。

33.坚信无论命题的形式、材料、情景等如何新颖、陌生,其答案都在课内。

34.答题的时候心中只有试题,不要担心因为成绩差而可能导致的家长的抱怨、老师的指责等。

35.答题的时候眼中只有试题,不要关注别的考生的答题状况,不要被别的考生影响自己的情绪。

36."不走为上"——不提前交卷,不匆忙离开。

附录

咏叹，贵在有"味"

1. 人生况味

四十九岁生日抒怀

（作于 2013 年农历 6 月 19 日）

观音菩萨同日生，
不入仙界落凡尘。
四十九载风和雨，
美煞金殿钟磬声。

第 30 个教师节抒怀

（作于 2014 年 9 月 10 日）

一支粉笔丈天下，
三尺讲台演春秋。
蓬来闲客今何在，
笑看庭前水长流。

注：本人别号蓬来客，因籍贯四川蓬安，一直客居异乡，故称蓬来客，且与蓬莱
谐音。

2.校园情味

仿《陋室铭》贺《星空》创刊

（为祝贺孙敏老师的班刊《星空》创刊而作）

《星空》付梓,喜不自胜,特仿《陋室铭》急就一篇,以示祝贺之意也。

文不在多,传世则名。词不在精,达意则灵。斯是《星空》,首谢孙敏。大学接触早①,人物描写真②。纸上有神韵,笔下无矫情。可以展风采③,抒内心④。无体裁之桎梏,无审题之劳形。江油太白诗,昌黎韩公文。张子曰:"何时再有?"

注:①指《星空》的"大学早接触"栏目。

②指《星空》的"人物写真"栏目。

③指《星空》的"风采展示"栏目。

④指《星空》的"情感空间"栏目。

张 文

2011 年冬

放歌"新世界"

（为潮阳新世界中英文学校高 2012 届迎新生晚会创作的"新生誓词"）

生我养我唯父母
教我育我是老师
润物无声三春雨
跪乳有情百年恩
根深叶茂花锦簇
山高水长云缤纷
今日放歌新世界
明朝添彩中英文

高考百日誓师誓词

（之一）

备战高考，斗志昂扬。

勤学苦练，奋发图强。

讲究方法，效率至上。

惜时如金，保质保量。

严守纪律，秩序优良。

全面发展，身心健康。

不退缩，不彷徨。

不放弃，不忧伤。

辛苦一百天，百日辛苦百日了。

幸福一百年，百年幸福万年长。

高考百日誓师誓词

（之二）

高考在即，重任在肩。

拼搏进取，我辈风范！

精益求精，追求卓越。

全力以赴，奋勇争先！

不退缩，不敷衍；

不怕苦，不畏难！

以我聪明才智，夺取高考佳绩；

以我顽强毅力，谱写人生新篇！

相 约 六 一

（作于 2001 年 6 月 1 日,用于学校六一儿童节活动请柬）

相约六一
六一是孩子点燃的爆竹
六一是老师揭开的谜底
六一是爸爸承诺的假日
六一是妈妈编制的游戏

相约六一
妈妈的笑脸映红了太阳
爸爸的眼里装满了惊喜
老师把童趣撒满了校园
孩子将顽皮定格为回忆

3. 社会百味

朝 发 攀 西

（作于 2013 年 7 月 31 日从攀枝花去成都的自驾车上）

朝辞攀西彩云间，
千里成都一日还。
两眼美景观不住，
轻车已过万重山。

渝 湘 行

（作于 2013 年 8 月 2 日，从重庆前往湖南的自驾车上）

一桥洞穿渝湘间，
千山作墩喜开颜。
若非往昔勘建苦，
怎解今朝行路难。

张 家 界

（2013年8月3日作于张家界，传说张家界是因张良在此隐居而得名）

项刘争霸看子房，
定鼎天下辞朝堂。
千里美景张家界，
两抔黄土羽和邦。

韶　　山

（2013 年 8 月 6 日游韶山）

千里朝拜千年韶，
万众叩首万古毛。
可怜伟人桑梓地，
不见青冢不见庙。

黄 埔 军 校

（游黄埔军校旧址有感）

一方不毛地，
一片无边天。
一伙坏小子，
一群好儿男。

故　宫

（2013 年 10 月 21 日游故宫有感）

祖祖辈辈围故都，
岁岁年年不逾墙。
世世代代孤寡梦，
子子孙孙虎变羊。

九 寨 沟

　　国庆期间九寨沟的种种乱象再度表明：黄金周该休矣！有感于此，
打油于后：

神奇美景时时在，
九寨大门天天开。
何故汹汹如潮涌，
齐齐卷入沟中来。

叩 问 台 湾

(2014 年 10 月随东莞市民办教育协会考察团前往台湾,每至一处,感慨万端,仅以微信略记之)

[**叩问台湾**]1 台北 101:台湾这么一叶小小的扁舟,怎么载得动你凌云的身躯与盖世的孤独?

[**叩问台湾**]2 国父纪念馆:拼个总统,丢了;娶个美人,寡了;建个政党,输了。国父耶,叫人纪念你哪门子呀?

[**叩问台湾**]3 故宫博物院:北京故宫看建筑,台北故宫看文物,老蒋没守住大好江山,却把老祖宗留下的这些坛坛罐罐守得蛮好,喜耶? 悲耶?

[**叩问台湾**]4 日月潭:绝色佳丽,台岛第一,但是若投胎于大陆,估计能排老几?

[**叩问台湾**]5 竞选:拼广告,拉选票,维稳工作怎么抓? 保密工作啷个搞? 党的领导咋体现? 组织部还要不要?

[**叩问台湾**]6 阿里山:茂林、神木、浓雾、椰树……美不胜收,可是那名扬岛内外的少年和姑娘呢怎么不见踪影? 莫非是徒有虚名不敢见人?

[**叩问台湾**]7 私立学校:数量不多种类多,校园不大视野大,花草不美人情美,起点不高志向高,每一张善意的笑脸,每一句客气的迎候,每一场精心的讲解,每一次热情的招待,无不让我们真切地感受到家人般的温馨与和谐,问题的关键是:台湾教育的真经是否只珍藏于校园之中,又如何才能不把带回去的真经念歪了呢?

[**叩问台湾**]8 高雄港:小日本在台湾至少做了一件好事——把打狗改名为高雄,否则,今天的陈菊大妈岂不成了打狗市长了?

[**叩问台湾**]9 马英九:随处都可见马英九的肖像画,人人都可以随便跟马"总统"合个影,小马哥,你干吗这么客气呀?

[**叩问台湾**]10 吵架:台湾的"立法院"被称为吵架院,台湾的电视台也堪称吵架台,议员、官员、媒体人……个个都是邱毅,个个都是伶牙俐齿,动不动就要江阁

搌下台，动不动就要小马哥单挑。就隔那么一湾浅浅的海峡，两岸人民吵架水平之差距咋就这么大呢？